浙江大学文科高水平学术著作出版基金

中央高校基本科研业务费专项资金　资助

浙 江 大 学 常 州 工 业 技 术 研 究 院

胡志富　解艳玲　编著

周有光交往录

浙江大学出版社
ZHEJIANG UNIVERSITY PRESS
· 杭州

图书在版编目(CIP)数据

周有光交往录 / 胡志富,解艳玲编著 . —杭州：
浙江大学出版社，2023.9
（周有光语言研究丛书 / 王云路总主编）
ISBN 978-7-308-23906-6

Ⅰ.①周… Ⅱ.①胡… ②解… Ⅲ.①周有光—生平
事迹 Ⅳ.①K825.5

中国国家版本馆 CIP 数据核字(2023)第 108198 号

周有光交往录

胡志富　　解艳玲　编著

责任编辑	胡　畔
责任校对	赵　静
封面设计	周　灵
出版发行	浙江大学出版社
	（杭州市天目山路 148 号　邮政编码 310007）
	（网址：http://www.zjupress.com）
排　　版	浙江大千时代文化传媒有限公司
印　　刷	杭州宏雅印刷有限公司
开　　本	710mm×1000mm　1/16
印　　张	13
字　　数	250 千
版 印 次	2023 年 9 月第 1 版　2023 年 9 月第 1 次印刷
书　　号	ISBN 978-7-308-23906-6
定　　价	88.00 元

总 序

罗卫东

一

2017 年 1 月 9 日夜里,我登上去北京的飞机,此行的主要目的是看望周有光先生。行前,得到的消息是周老近期的身体不是很好,同事为此还专门带上了两盒鸽子蛋,希望给老人补充点营养,让他身体恢复得快一些。

1 月 10 日上午 10 点左右,我在周有光唯一的嫡孙女周和庆的陪同下,戴着口罩进入了老先生的卧室。前不久老人因身体不适住进医院治疗,病情控制住以后,就决意要求回家,此后他就一直昏睡在卧室这张低矮而宽大的软床上,两个保姆 24 小时轮流照看。

天气很好,外面阳光灿烂,温暖的光透过窗户倾泻到室内,约三分之一的床沐浴在阳光之中。我坐在床边的木箱子上,面对侧卧着的昏睡的老人。他与一年前见到的已经大不一样了,嘴巴半张着,背光下的眼窝,轮廓和阴影十分明显。和庆告诉我,爷爷从医院回家以后一直躺在床上,除了要上厕所和喝点营养液,就这样昏睡着,也几乎不说话。睡着的时候,呼吸的声音很大,特别是呼气,出来的气流又急又重,而吸气则几乎听不见。他现在的状态似残烛临风,灯油将尽,正在顽强地发出最后的光。我握着他的手,感觉到由里面透出来的温热,寄希望于老人那神奇到不可思议的生命原力再次发威创造新的奇迹。但我心里知道,情况不太妙。在向他告别的那一刻,我内心有强烈的预感,这次很可能是诀别。当天下午,我是怀着十分沉重的心情离开北京返回杭州的。

2017 年 1 月 14 日,只过去短短的三天,就接到消息,周老在昏迷中度过了他的第 111 个生日几小时后,即告别了这个世界。对这个消息,我虽有一定的心理准备,但还是觉得很突然。知道老人挨不了很长时间,但没想到他走得这么快。这个经历了清王朝的退场、中华民国的建立和崩溃、中华人民共和国的兴起三个时代,亲历了 20 世纪人类历史上几乎所有重大事件,堪称见证时代变迁、社会动荡、政权更替活化石的罕见老人,没有能够续写生命的奇迹。

他的离去,也意味着中国知识分子史上一个时代的结束。

二

得益于我的朋友和校友叶芳女士的牵线搭桥和热心张罗,2013 年以来,我和几位同事先后多次到位于朝阳区的周家,拜见先生,每次的时间大抵都会安排在周老生日前几天,既可以算是专程为他祝寿,也减轻生日那天过多访客给老人造成的身心负担。每一次去,也都会和他商量一些事情,比如在浙江大学建立周有光档案资料专项收藏,成立周有光国际语言文字研究中心,出版他及张允和女士的书稿,等等。

那年以前,每次见老人,都是在他自己的书房里。那时候的他,就像一个听话的乖宝宝,温顺地服从家人和保姆的安排。坐在沙发上,眼神一派慈祥,对每一个和他打招呼的人微笑。爱干净的老人,不时地用拿在手上的白手绢擦拭自己的嘴角。由于他的听力衰退得厉害,即便是戴上助听器,说话者仍需加大嗓门,有时候还需挨着坐在他身边的家人和保姆凑近他的耳朵,大声转告说话的内容。儿子周晓平在世的时候,主要由他来充当访客与周老之间谈话的"翻译者"和"扬声器",2015 年初,晓平老师不幸突然去世以后,这类角色就由孙女周和庆或者保姆来充当了。老人回答大家的问题,就像他的文字一样简洁而通透,只是比文字多了一种超脱于自我而又巧妙自嘲的幽默感。

浙江大学的前身之一之江大学,是张允和女士的母校。记得第一次去拜见周先生,我就和他聊起了之江大学。这个话题让他本就清澈的眼神变得更加明亮,我猜想,那是因为飞扬的青春和美好爱情的记忆被激活了。周老就开始谈论那个早已远去的时代,语调虽然平缓,似乎不带任何感情,但我们分明能够感受到他的深情,仿佛看到那个一身洋装、年轻帅气的周有光和一袭旗袍、美丽的张允和,真正是郎才女貌,在西湖之畔沐浴爱河的情形。80 多年过去了,周有光没有再到过之江这个幸福之地。儿子周晓平答应替父亲去圆这个故地重游的梦，遗憾的是，2015 年 1 月出乎意料的猝然离世，使他也没有能够完成父母亲的夙愿。好在 2018 年 4 月孙女周和庆终于替爷爷去圆了这个故地重游之梦。

在这个由于岁月流逝而不断萎缩的肉身中，竟蕴藏着一个睿智、通达、温润和伟岸的灵魂，这着实让所有见过周有光的人不得不从内心发出由衷的赞叹。在漫长人生的最后几年，他的日常生活已经难以自理，一刻也离不开家人和保姆的照顾，但是头脑却不曾停止思考，尤其是对天下大事的思考。第一、二两次拜访周先生，我都向他请教关于经济、语言、文明规律（趋势）的问题，我们谈的时间每次差不多都有近一个小时。这些问题都是他长期观察、思考和写作的主题。他的见解如此清晰和简单，超越了时下无数糊涂蛋的头脑。

三

周有光的一生，经历不同的时代和政权，辗转不同的国家和地区，从事不同的行业。早年学习经济学，在经济行当里做事；中年以后从事共和国语言文字改革工作；在耄耋乃至期颐之年，则以一个思想家和知识分子的姿态出现在大众面前。可以说每一次改变职业都是华丽转身，这样的经历让很多人感到十分惊讶。经济学和语言文字学，两者之间似乎是风马牛不相及，他如何可能完成转换；语言文字学和世界观，彼此的关系似乎也不是那么直接，他又是如何从前者向后者圆融过渡的？的确，要理解他一生的变与不变、坚守与通融，是需要首先认识他的心灵和精神世界的。我以为，他本人及其文字中表现出来的那一种特别的禀赋和魅力，乃是由以下三种成分组成的：关乎他人的高度发达的"同理心"、关于社会事务的健全的"常识感"、对世界大同和全人类普遍幸福的深切关怀。这三者就像三原色构成了他身上发出的耀眼的"人性之光"。

中国古人对一个人的评价从德、识、才、学这四个方面来进行评价。若从这四个方面来看周先生，可以说周先生身上体现出来的是大德、卓识、通才、博学。

第一，"大德"。我觉得周老身上所体现的不是一般的德，而是"大德"：有深切的"悲悯心"，对人类整体命运有关切。他对别人的爱并不止于一个具体的人、一个家庭、一个社区、一个地域、一个国家，更不会囿于一个阶级、一个政党、一个民族。他是爱一切的人，爱人的一切，是基于人性而不是某种意识形态而生发出来的原初的感情,是超越具体的人的社会属性的。很多人看到了周先生的思想与近代以来启蒙思想之间的内在联系,但是我觉得,在他身上还有一种特别蕴含着中国古代儒家人文主义的士人品质。"大道之行,天下来同",在他身上凝聚着东西方两种人文主义价值观的深刻影响,只是很多人仅看到其中一个方面。晚年的周有光最爱说的一句话就是中国人要站在世界看中国,而不要站在国家立场上看世界,后来甚至说过地球人要站在月球上看地球。他这样说,并非因为不在意身边的人和同胞们的利益,而是提醒大家防止偏狭甚至极端的意识形态对人类基本天性和共同价值的遮蔽。他中正平和的人生态度、淡泊名利的生活哲学使他在极端恶劣和上下沉浮的情境中依然保持着通达和乐观的精神状态。他的谦和、儒雅和慈祥,其实是这种德性的自然流露。

第二,"卓识"。周老的见识是"卓识",所以总能够抓住问题的根本,对大局、对大是大非问题,有极强的判断力。周老的谈话和文字常常会有一种穿透扑朔迷离的表象而直抵问题关键的力量。这种力量不仅来自他那种贯穿一生的改良社会、推动进步的强烈情怀,也来自惊人博学和丰富阅历酿造出来的远见卓识,他那清楚明白的话语方式则让他的观点和思想的传播如虎添翼。周先生的卓识是建立在科学分析和理性思考的基础之上的,这一点在他将经济学的思维方式运用于语言文字演化趋势的考察和推演方面,表现得很是突出。将语言交流类比为市场交换,在西方的经济学界是近年来才兴起的话题;而周先生在半个多世纪以前就自觉地将两者相互参照来考察语言变迁的规律,推测语言发展的趋势,并且把经济学的效率观作为判断和指导语言文字改革如何推进的重要依据。在我和他几次讨论汉字简化以及汉语拼音方案取舍问题时,他都反复强调认知成本、教育成本等概念。是否能够有效降低知识成本、加快文化普及、迅速提升国民素质等,这是他自己判断语言文字改革成败得失的基本依据。具备了这样的立意和判断依据,就使他不再过分纠结于语文拼音改革方案的某些细节,而是重点思考怎样做才能切实地服务于解决主要矛盾和矛盾的主要方面这个大局。

第三,"通才"。周老的"才"是"通才",他具有极高的智慧,能够把理论知识、书本知识和实践知识予以融会贯通,形成自己特殊鲜明的思维方式和表达方式。和他聊天,一问一答中常体现出举一反三的机智,即使到了一百来岁,他的头脑反应依然异常敏捷,令人叹为观止。他的才华,还体现在他的高度自知之明,以及无处不在的幽默和自我调侃之中。和他在一起,让人如沐春风,有超然物外、从心悠游的美妙感受。

第四,"博学"。周老的"博学",众所周知,一生全凭自己的问题意识和探索的兴趣,虚怀若谷、毫无成见地学习吸收各个学科的知识,将其调动和融贯在一起去服务于自己解决问题的需要。他决不为了学术而学术、为了方法而方法,而是围绕问题,取其所需、用其所学、发其所思,在各种知识体系之间从心所欲、游刃有余。他博览群书,是《简明不列颠百科全书》中文版的顾问,其实他本人就是一个"周百科",是百科全书式的。我第一次进他的书房,十分惊讶的是老先生居然并无多少藏书,在我的意识中,博览群书之人必定坐拥书城、私藏丰富。晓平老师告诉我,周先生在意的不是藏书,而是阅读和学习,吸收知识,把书本的知识内化于身,因此,他向来的看法就是,做一个学问家,不必成为藏书家。这一点与钱钟书先生的言行颇为契合。

周老的德、识、才、学这四个方面,并不是相互孤立的现象,而是相辅相成、融为一体的,他真正到了人生的化境,而其根本的点化之功还归于这一"人性之光"。"仁者乐山、智者乐水",周先生的德行就像是一座大山,112 年的人生累积起了它的高度,周先生的智慧则像是一条小溪,本正源清,粼粼向阳,遇千难而不辞,利万物而不争,终汇江海。我想,孔子心目中的"君子",在当代,大概就是周先生这样子的人吧!

四

周先生漫长的一生,蕴藏了丰富的精神宝藏,值得我们深入挖掘、研究和传承。他在语言文字领域的思考、研究和实践,是其中最有代表性、最有影响力的,不仅体现了周先生的学术兴趣、品格和造诣,更承载着周先生那一代中国知识分子的家国情怀。

我感受很深的一点是,每次和周先生聊语言文字改革的事,他心心念念的一点就是什么样的方案才能惠及更多的人民,如何让语言文字更加高效率、低成本地普惠于国家的全体公民,更方便地在世界传播。他对待语言文字改革,既有理想主义的愿景,更多的是倾注强烈的现实主义关怀。在周先生看来,国家的积贫积弱,最大的短板和根源是大众的愚昧,是公民知识文化水平的普遍低下。对于中国而言,提高识字率、降低文盲率,是国家富强、人民幸福的前提和基础,是新中国现代化建设的重中之重!周先生这一代旧学功底深厚的人,不可能认识不到汉语言文字的审美和文化功能,但是,他认为这个功能应该服务于国家发展和现代化建设的迫切需要，服务于最大多数人的生活水准的提升和生活品质的改进。新中国成立伊始，对于最大多数中国人来说，首要的问题在于拥有基本的读、写、说、听的能力，否则，他们的发展和进步都是空谈，国家与民族的自强也是无本之木。在语言文字改革基本指导思想的确立和实践的过程中，如果精英阶层的高雅诉求，与广大人民的生存和发展诉求难以兼顾，以周先生的态度，一定是后者优先。在这一点上，周先生身上体现了真正的人民性、实事求是的可贵品质和以发展的眼光看问题的辩证思维素养。

为了传承和发展周有光先生的语言文字学术思想，推进语文现代化的工作，浙江大学于2015年5月成立了"浙江大学周有光语言文字学研究中心"。这么多来，中心在著名语言学家王云路教授的精心组织下，团结海内外学界同仁，围绕汉语的演化、发展和改革这一周先生一生最为关心的重大问题以及周有光语言文字学思想，开展学术研讨，发表专业论著，各项活动开展得有声有色，在学术界的影响日益扩大。

为此，中心在浙江大学社科院、浙江大学常州工业技术研究院和浙江大学出版社的联合支持下，启动了《周有光语言研究丛书》的编撰出版工作，推出了一批"周有光语言文字学研究"的精品力作。丛书包括《周有光论语言》（五卷本）、《周有光语文现代化理论体系建构》、《周有光语言文字学研究资料选编》、《语文和语文现代化研究：周有光纪念文集》、《周有光年谱》和《周有光交往录》等，从语言学研究的角度入手，完整搜集整理了周有光先生语言学方面的学术成果，研究周有光先生的语言学思想，探讨周先生的学术经历和交友情况，期望呈现周先生语言文字学思想的形成过程及其在学术界的影响。相信在各界的关心、支持和帮助下，在中心各位专兼职学者的共同努力下，周有光语言文字学研究将有新的进展，以周有光先生为代表的那一代语言文字改革家的精神财富将进一步得到传承和弘扬。

是为序！

目　录

学术独立，思想自由

陈光磊，1938 年生，江苏常州人，著名语言学专家，复旦大学博导。1965 年复旦大学中文系研究生毕业，师从陈望道，是陈望道的第一个研究生。长期从事汉语教学与研究，历任复旦大学国际文化交流学院汉语部主任、教学督导，复旦大学语言文字工作委员会委员，同济

大学兼职教授，上海师范大学语言研究所兼职研究员，湖北师范学院文学院兼职教授，渤海大学应用语言学研究中心兼职研究员，中国语文现代化学会副会长，中国修辞学会华东分会会长。其代表著作有《中国古代名句小词典》《中国古代名句辞典》《汉语词法论修辞论稿》《修辞论稿》等。

交往录

陈光磊是周有光的晚辈，据陈光磊回忆，1959 年，在复旦大学的讲座上，大学二年级的他第一次见到了周有光，当时讲座特别火爆，周有光谈吐风趣幽默，讲座很是生动。后来陈光磊是陈望道的弟子，大约是 1976 年，陈望道老师生病住院，周有光特地来上海看望陈望道，当时恰好陈光磊也在场，那次是陈光磊与周有光第一次真正相识。因老师陈望道与周有光很熟悉，所以陈光磊每次去北京出差都要去见周有光。

陈光磊认为周有光是广博之人，从经济学到语言文字学再到文化思想，周有光都可谓有所建树。

　　周有光是一个博古通今的人，"他确实是古今中外都通，又有世界的眼光、历史的眼光、未来的眼光。他早年上大学时学经济，那时他的业余爱好就是语言文字。1955 年后，他转而搞语言文字研究，主持参加了《汉语拼音方案》的工作。在他退休以后，他又很关心文化的问题。"陈光磊说，"所以我想周先生是从经济学家到语言文字学家再到文化思想家，他就是这样一个学者。搞经济时，他对社会结构有了一个很好的了解；搞语言文字后，又对人文、文化、思想有了新的理解。他完全是一个与时俱进的伟大人物。特别是八十几岁后，他还出了好多本书，一百岁以后还出了两本书，这些都是他的文化思想和学术思考的结果。他就像复旦校歌里说的那样，非常主张思想自由、学术独立。我觉得周先生无论研究什么问题，他都不媚俗、不复古、不崇洋，他是一个真善美的人物。"（罗昕、高丹《学者追忆周有光：他是一个真正的学者，一个博古通今的人》，澎湃新闻，2017 年 1 月 14 日）

　　周有光不仅知识广博、视野广阔，而且具有独立人格，不人云亦云。

　　学术独立，思想自由，这是 20 世纪中国大学里面最闪亮的一句话。我觉得周有光的学术成果、文化精神都显示了学术独立、思想自由的力量和他的信心。我跟周有光有两重校友缘，一是省常州高级中学的校友，周有光是 20 世纪 20 年代省常州高级中学的毕业生，我是 20 世纪 50 年代省常州高级中学的毕业生，这是一个校友。还有一个是复旦大学的校友，周有光是解放初期复旦大学经济研究所的教授，我是复旦大学 60 年代毕业的学生。

　　周有光在写《世界文字发展史》的时候，说过一句话，"我很注意方法问题，采用外国的资料，参考外国的成果，但绝不为外国的框框所束缚，我要立足实际，建立具有逻辑的和科学的体系"。我想周有光的文化论述都是自己的样子，不是别人的样子，他融合古今中外，外国的东西我们当然要学习，没有引进就没有现代化，但是只有引进没有创造，把现代化学术变成为西方化，甚至是文化的奴化，那是没有出息的。周有光突破了，在古今的问题上，周有光对整个汉字的战略都是贯通古今，所以周有光是融合中外，贯通古今，创新理论，缔造体系，为中国语言文字的研究树立了一面旗帜，为中国的语言文字现代化作出了榜样。

　　周有光始终秉承学术独立、思想自由的文化精神。比如说当年的文改跟政府的政策是一致的，周有光当时考虑到语言文字发展的规律，不是说领导人说什么，我们就做什么。现在我们用的拼音不是汉字的笔画，我们的拼音真正成为中国通向国际的桥梁。学术独立，思想自由，正是我们中国的学人、我们的学界必须具有的品质。学术垃圾是没有出息的,我们应该像周有光那样,至少我们要有这种精神,为世界的文化、为中国的文化创造出新的无愧于人类的中国人的产品。(陈光磊《学术独立 思想自由》,《同心文化》,2013 年增刊"周有光与中国语文现代化"研讨会专辑)

　　回忆过往,耄耋之年的陈光磊唏嘘不已。在他的记忆中,周有光是一位知识渊博、视野开阔、与时俱进的老先生。1976 年后,每年陈光磊有空都会去北京拜访周有光,他记得自己最后一次看望周有光是 2010 年。"我最后一次看望周老时,他的身体情况还很好,特别健谈。周老很喜欢与我们交流,话题不是仅限于语言文字,而是古今中外的一切事物都可作为交流的话题。与周老一次谈话就等于上了一堂课。"(李晓璐《周有光逝世:与周老一次谈话就等于上了一堂课》,搜狐网,2017 年 1 月 15 日)

不断耕耘的现代学者

陈章太,1932 年生,2021 年 10 月 17 日逝世,福建永春人,1955 年毕业于厦门大学中文系。历任中科院语言所副所长,国家语委副主任、语言文字应用研究所所长,中国语言学会副会长,中国应用语言学会会长等职。教育部语用所研究员,中国传媒大学教授、博士生导师。陈章太积

极促进我国语言研究和语言应用研究,曾参与筹备成立中国语言学会和中国应用语言学会,并任中国语言学会第一任秘书长、中国应用语言学会第一任会长,还筹办《中国语言学报》和《语言文字应用》两个学术刊物。陈章太的语言研究成果主要集中在汉语方言调查研究和社会语言学两个方面,主要著作有《福建省汉语方言概况》《语言规划研究》等,其中《论普通话水平测试等级标准》一文被学界认为是论述普通话水平测试等级标准最全面、最深入、最有价值的文章之一。

交往录

陈章太与周有光的交往从 1984 年开始,两人都住在国家语言文字工作委员会的后院,是长达 32 年的上下楼老邻居。陈章太说,周有光家从不装修,非常简朴。周有光是他的邻居、同事、师长,两人是忘年交。

2017 年 1 月 13 日是周有光的生日,陈教授当天下午 4 点多还登门祝寿,当时周有光的孙女在家。他看到周有光一直在昏睡,也没让保姆叫醒他。由于他家卧室相对周有光的书房,次日凌晨,他听到周家传来动静,以

为是在搬家,就没太注意。一大早醒来就听到了周有光故去的消息,让他心里很不平静。

陈教授回忆,大约半个月前,周有光从协和医院看病回家,他去家中探访。当时周有光没什么力气,也听不清楚说话,视力也不好,但周有光还是拉着他的手说:"我很想你。"说到这里,陈教授忍不住潸然泪下。

在他的朋友陈章太眼中,周有光是真正的现代学者,"从不与世界为敌。他一生追求治学,为学科发展和社会进步作贡献,不考虑名利,就是想做实事一辈子,不断地耕耘、写作、创新。他是站在中国看天下,站在天下看中国。一切要从现实出发,他很考究现实的"。(黎史翔、崔毅飞《老邻居忆周有光:他老家从不装修 非常简朴》,《法制晚报》,2017 年 1 月 15 日)

谦虚的周有光一直不愿意接受"汉语拼音之父"的称号,因为他认为自己只是设计者之一,这是他们团队共同努力的成果,但其实周有光在其中发挥了最大的推动作用。

在诸多成就中,大家最了解的就是汉语拼音,社会上总有人说他是"汉语拼音之父"。"我问过周有光,他说:'这句话不妥,我只是一个设计者。'"陈章太告诉记者。但是,周先生确实在汉语拼音的制定、推行中贡献最大,因为他提出了一个最完善的《汉语拼音方案》,而且最早主张采用拉丁字母式的汉语拼音。他不仅在汉语拼音的制定和推广、比较文字学等方面贡献卓著,在语言规范化、现代化发展和汉语拼音应用现代化、智能化、信息化、国际化等方面的成就和影响,也是巨大的。(陈章太《周有光先生的七个"最"》,《现代语文:理论研究》,2005 年 2 月 25 日)

陈章太曾用七个"最"形容周有光,这七个"最"可谓是"高山仰止,景行行止",也只有周有光这样的现代学者才能做到。

1.周有光是语言文字学界品格最高尚的学者之一。周有光自认为是一个最普通的人,但从他的为人处世,我们可以明显看到他那高尚的品格。他高风亮节,为人豁达,淡泊名利,只讲奉献,不计得失。他坚信:"生气是拿别人的错误来惩罚你自己。"因此,他不骄不躁,不争不求,宽容平和,很少烦恼与生气。他的人生信条是三"自",即自食其力,自得其乐,自鸣得意。早在20 世纪 20 年代中期,读大学的周有光就在大学里边读书边做工,自食其力,直到现在他还是坚持自己的事情尽量自己做。他对自己所关注的学术研究和所喜爱的工作都津津乐道,从中感受其乐趣。无论多么艰苦和枯燥的事,他都能以平常心态去对待,并乐在其中。从经济领域、金融系统转向文字改革研究，经济收入损失不小，然而周有光没有对此感到惋惜或犹豫。他为了自己所喜爱的事业，可以毫不犹豫地作出牺牲。如果自己的学术成果或学术建议被他人引用或采纳，他会感到高兴、开心。日本夏普公司采纳了他关于汉字输入方法的研究，并赠送他一台电脑打字机，周先生视之为珍品，多年来一直使用这台电脑打字机打印书稿。

2. 周有光是语言文字学界思想最新潮的学者之一。周有光的思想一直活跃而新潮，这主要体现在他对学术前沿问题的密切关注和对学术热点问题的及时捕捉，以及对学术潮流的引领与创新。他自从转向语言文字研究以来，参与制定了《汉语拼音方案》，促进文字改革事业的发展；倡导建立"现代汉字学"，使古老的汉字与现代化紧密结合；研究比较文字学，在人类文字历史中探寻汉字的地位；研究汉字编码，解决汉字输入计算机的问题；研究信息化时代的语言文字问题，解决语言文字在某些领域的实际应用。这些都表现了他思想上的"新"，因而获得了"新潮老头儿"和"现代化老头儿"的雅号。

3. 周有光是语言文字学界知识最渊博的学者之一。周有光起初从事经济学研究和金融工作，后来转向从事文字改革等语言文字工作，他还深入研究东西方的语文、社会、文化问题，参与百科方面事务，这充分表现出周有光知识的广博和功底的深厚。周有光是《简明不列颠百科全书》中美联合编委会中方三位编审之一，还担任《中国大百科全书》总编辑委员会的委员，并亲自为《中国大百科全书》的有关条目撰写稿子。由于周有光的学识渊博和对中国百科全书编纂工作的贡献，沈从文先生称他为"周百科"，因而深受学术界和文化界的爱戴。

4. 周有光是语言文字学界工作最勤奋的学者之一。周有光已是百岁高龄，至今仍然思维敏捷、精力充沛，孜孜不倦地工作，每天学习、工作数小时，并仍"机"耕不辍。他坚持"活到老，学到老，干到老"的信念，不断地吸收新的知识，研究新的问题，提出新的见解，因而他一直跟着时代发展在前进，不断推出新的成果，作出新的贡献。勤奋是周有光的成功之本，并使得他的学术思想能够与时俱进，永葆学术青春。2004 年 12 月 25 日，就是在半个月前，周有光还到中国现代文学馆面向社会作了题为"比较文字学"的演讲，受到各界听众的好评。

5. 周有光是现在语言文字学界年龄最大的长者。今天我们庆贺周先生百龄华诞，为百岁老人祝寿，这是我们学界的荣幸。由于周有光年岁已达世纪之龄,所以,人称"世纪老头儿",这是多么亲切、深情的尊称！这不仅是因为他跨越了两个世纪,更是因为他的年龄已经达到世纪之久。在这百年的人生历程中,祝周有光为祖国的语言、文化、经济事业等作出并将继续作出重大贡献。

6.周有光是语言文字学界同年龄段中身体最健康的学者之一。虽已高寿,但身体很健康,生活很充实,精神很愉快,人们亲切地称他为"快乐老头儿"。最近他刚做了一次体检,各项指标都正常,只有耳朵有点不好使,需要借助助听器,别的没有什么毛病,这是最大的幸福。

7.周有光是语言文字学界成果最丰硕的学者之一。在这个世纪之中,周有光勤奋好学,不停著述,共出版专著30余种,发表论文300多篇。论著见解新颖,内容广泛,具体包括经济、金融、语言文字、东西方文化、语言与文化、语文现代化等,在学术界和文化界有广泛的影响力。(陈章太《周有光先生的七个"最"》,《现代语文:理论研究》,2005年2月25日)

从陈章太与周有光30多年的交往中,我们看到了周有光的不计名利、为国贡献、豁达开朗、与时俱进、学识渊博的几个方面。孔子说:"七十而从心所欲,不逾矩。"周有光一百余岁的人生历程中,横跨经济、语言文字、文化,听从国家与自己的兴趣爱好,从心所欲,用世界眼光看待一切,用乐观心态应对生活坎坷,不论是对待生活还是学术的态度都是值得我们后辈不断学习的。

2018年5月31日胡志富专程采访了陈章太老师,希望陈老师能再讲讲他与周有光的轶事,采访中陈老师更多地谈及作为周有光的楼下邻居,又是周有光的学生,在长期交往中,周有光先生和周师母留给其的难忘故事,尤其是周有光仙逝前的一些生活感受片段。按陈老师所说,周有光先生是一位品格高尚、学识渊博、思想活跃、治学严谨、富有新见、耕耘不辍、成果丰硕的大学者,他注视世界、关注社会、观察事物、思考问题、研究学术都以学者的科学、敏锐、冷峻、辩证、客观、求实、创新的态度去对待,这是周有光先生为人治学的重要特点。在陈老师与周有光家交往中,周师母即张允和也给陈老师留下深刻印象,陈老师是这样描述张允和的,周师母是一位知识丰富、多才多艺的才女,又是一位温柔贤惠的贤妻良母,她的中国传统文化艺术造诣深厚,对传统戏曲尤其是昆曲有特别的爱好与研究。

巨星陨落,光留人间。昔日荣辱恩怨随风去,老来尽力平静度余生。这就是胡志富采访陈章太老师的感言。

周有光先生的为人和治学

1. 品格高尚，境界极高

2. 常思不懈，理念新潮

3. 顺乎自然，随遇而安

4. 为人豁达，不烦不躁

5. 对人宽容，与人为善

6. 生活简朴，一切有序

7. 追求事业，锲而不舍

8. 学识渊博，通晓中外

9. 求实创新，治学严谨

10. 勤于耕耘，硕果累累

陈章太

2016年12月28日

松龄鹤寿的语言学者

崔希亮，1960 年生，吉林怀德（今公主岭）人，毕业于北京大学中国语言文学系。语言学及应用语言学教授，博士生导师。获北京大学文学博士学位，加拿大麦克马斯特大学人文科学名誉博士，韩国启明大学艺术学名誉博士。曾获北京市高等学校优秀青年骨干教师称号，2004 年入选教育部新世纪优秀人  才支持计划。享受国务院政府特殊津贴。有多部专著和 60 多篇学术论文出版和发表，对世界汉语教学和争取汉语的国际地位、促进中外文化交流互鉴有一定的贡献。曾任北京语言大学校长，浙江大学周有光语言文字学研究中心特聘研究员。

交往录

2013 年 1 月 13 日上午，北京语言大学崔希亮校长和李宇明书记一同来到周有光家里拜望周有光，向周有光 108 岁生日表示祝贺。

周有光与崔希亮相谈甚欢，崔希亮向周有光祝寿，写下了"松龄鹤寿"以示贺意，并且报告了北京语言大学近几年在语言文字方面的发展。

周先生对李书记和崔校长的到来非常高兴，欣然为我校题字："把北语办成世界一流的语言大学！"

李书记和崔校长代表学校向先生赠送了鲜花和崔校长书写的"松龄鹤

寿"卷轴,大家相谈甚欢,先生身体康健,思维敏捷,谈笑风生。先生谈及了一些国际的热点问题、国家的未来发展、语言文字工作和中华文化的传播工作,话语中体现了先生深厚的学识、开阔的视野、深刻的思考和豁达的胸襟,到处闪烁着智慧的光芒。(《李宇明书记和崔希亮校长看望周有光先生》,北京语言大学新闻网,2013 年 1 月 14 日)

2013 年 1 月 13 日,在周有光先生家,崔希亮和李宇明代表北京语言大学师生祝贺周有光先生生日

周有光为北京语言大学题字

心远地自偏的周老

丁东，1951 年生，中国社会科学院研究员。著有《冬夜长考》《和友人对话》《尊严无价》《午夜翻书》《思想操练》《精神的流浪》《教育放言录》《文化十日谈》等书，以研究当代中国的历史和文化为主。丁东近年致力于民间思想的整理研究和口述史学。

交往录

丁东与周有光相识于 2014 年，他结识周有光，源于丁东与朋友的对话集《思想操练》，源于张森根的"搭线"，自从在后拐棒胡同周有光家里拜望周有光后，两人便开始通过文章进行思想对话。

丁东认为周有光 108 岁的高龄还在思考与写作，是人类史上的一个奇迹。

我认识周有光很晚。八年前的一天，拉丁美洲问题专家张森根先生告诉我，周有光读到我们几个朋友的对话《思想操练》，很感兴趣，约我去他家一叙。周有光的儿子、气象学家周晓平和张森根先生既是中学同窗，又是楼上楼下的邻居。经他们引见，我第一次到后拐棒胡同拜访周有光。以后，周有光每出新书，都送我一册，撰写新文，也赠我一阅。我出了两本小书，送他指正，得到他的鼓励。我到他家拜访数次，每次听他说古论今，都有耳目一新的感受。一般情况下，随着生理年龄进入暮年，知识会趋于老化，观念会趋于僵化。但如果这样看周有光，就大错特错了。他除了听力差一些，阅读和表达一点也不比年轻人逊色。他坚持阅读国外最新的杂志，国内的高端媒体更在他的视野之中。他喜欢结交新朋友。看了章诒和的书，就请章诒和来家相聚；还让我给南京邵建、重庆王康捎话，如果来京请到家中一叙。（丁东《茶寿周有光》，原载于《有光一生　一生有光——庆祝周有光先生茶寿文集》，金钥匙华文出版社2014年版）

周有光不仅是著名的语言文字学家，还是一位博学多识的译者，更是一位具有社会关怀的知识分子。

周有光闻名于世，首先因为他是国际知名的语言文字学家，又是《汉语拼音方案》的主要研制人；作为中美联合编审委员会的中方三编委之一，参与主持了《简明不列颠百科全书》中文版的编译，又被称为"周百科"。但这远非周有光的全部价值。他年轻时就参与过"七君子"的救亡活动，到晚年一直保持着现代公民的社会关怀和知识分子的批判精神。他前半生从事经济学研究和国际金融事务，中年以后转攻语言文字学，从比较文字学入手考察了人类诸文明的源流和兴衰。他曾去过许多国家讲学、交流，古今中外都在他的视野之中，这样宽广的知识背景，这样悠长的人生阅历，确实无人能够和他相比。从某种意义上说，他的知识结构，比晚他一辈到两辈的知识分子更新，更具时代感。他不但是时代风云变幻的同步观测者，而且是思想前沿的独立发光体。自从张森根先生帮他编辑出版《朝闻道集》以后，他的思想家魅力开始照进公共领域。很多国人争论不休的大问题，诸如民主与专制、科学与信仰、历史与真相、理想与现实、大同与小康、社会主义与资本主义、自由竞争与国家干预、华夏文化的光环与阴影、传统文化与现代文化、文化冲突与文化和谐、金融危机与全球化，他都提出独到见解。他超越了"五阶段论"的历史观，提出了人类历史演进的轨道在经济上是农业化、工业化到信息化，在政治上是神权统治、君权统治到民权统治，在文化上是神学思维、玄学思维到科学思维的历史框架。他认为，东方文化应当分为东亚文化、南亚文化、西亚文化，相互之间区别很大，发源于欧洲、兴盛于美国的西方文化，也没有衰落，目前仍然是国际现代文化的主流。先进国家行之有效正在全世界传播开来的有利于人类生活的知识和事物，就是全人类共创、共有共享的现代文化。他说，中国目前还是一个在全球化过程中经济刚刚起飞的发展中国家，华夏文化也面临脱胎换骨的改造。不但要站在中国看世界，更要站在世界看中国。他的这些见解，给这个喧嚣浮躁的时代，送来了

一味及时的清醒剂。（丁东《茶寿周有光》）

不为人知的是周有光还是汉字拼音输入程序的拓荒人之一。今天，在电脑或手机上运用拼音输入方法书写汉字的人多达几亿，这也得益于周有光。

前几日，发表《周有光先生逝世一周年》之后，收到李大同的来信，引出了一个新的故事。原来周有光先生不只是《汉语拼音方案》的主要制订者，还是汉字拼音输入程序的拓荒人之一。

周有光是最早用电脑写作的人文知识分子，日本公司研制了一台汉语电脑打字机赠送给他，他晚年一直在使用。但我不知道日本公司为何要送给他。周有光对我的朋友赵诚说过，"汉字文件很难进入电脑，拼音要让汉字和电脑接轨，拼音是一个桥梁。同时，中国文化和外国文化沟通往来，要有一个桥梁，这桥梁主要就是《汉语拼音方案》，我做的这点工作小得不能再小，小儿科。但你不能没有它。文盲进入文化需要汉语拼音，外国人学习汉语，需要汉语拼音。没有多大价值，但你不能没有它。你给人家一张名片，方块字人家看不懂，要有汉语拼音。这是一个桥梁，也可以说是润滑油，如此而已啊"。周有光一向谦虚，所以在口述自传中也没有提到他参与发明拼音输入法的事。

20世纪80年代，身在广东的林才松无意中看了周有光的一本关于拼音的著作，很想发明拼音输入法，就写了一封信向北京的周有光讨教。其实他压根也没指望会有回信。结果周有光看见这个理工男立志要突破拼音输入汉字，大为高兴，立刻邀请林才松到北京来，在语委给小林腾出一间房子，无偿提供一台电脑供他编程。那时一台电脑5万多呀！对一般人来说是天文数字。这一老一小终于有了进展，即思考为什么中国人说话时并不停顿，同音字似乎自动归位，被准确认知是哪个字。最后他们研究的结果是，如果在一个语言环境里，同音字就会被自动识别。譬如我说要去粮店买点花生油回来，绝对不会有人问是邮票的 you 吗？林才松编程的突破就是不停顿地往下敲字，一旦语言环境呈现，电脑立刻选择适应该环境的那个字。这是当时汉语拼音输入的最重要的突破，周有光说是"里程碑式的"。李大同说，一个理工男是不可能搞出拼音输入法的，再天才也不行。周有光是语言学家，但对于他的想法如何能变成电脑程序，也无计可施。于是这一老一小，乃天作之合。

我听了这故事，赶快搜索林才松的名字。然而，搜索到的是不幸的消

息。原来在周有光去世 38 天之后,林才松也与世长辞。对此,媒体是这样报道的:

中国著名的计算机专家林才松老师不幸于 2017 年 2 月 22 日凌晨在广东广宁去世,享年 70 岁。林才松老师是 1977 年恢复高考后的第一批大学生,入学前在自动控制与信息处理领域已有六项科研成果,大学毕业后先后在中国科学院和中国文字改革委员会工作。他作为计算机专家,在著名语言文字学家、我国《汉语拼音方案》起草人周有光教授指导下,于 1984 年,在中文信息领域获得重大突破,研究成功我国第一台,也是世界第一台中文语词处理机,被新华社编入《中华人民共和国大事记》。整个研究过程得到时任国务院学位委员会主任委员胡乔木、科学院院长卢嘉锡、社科院副院长马洪的支持。林老师的导师周有光教授曾给他赠言:期望大众走向文化、中国走向世界、人类走向文明的远大理想早日实现。(丁东《汉字拼音输入程序的拓荒人》,《社会科学报》第 1593 期第 8 版)

从丁东与周有光的交往中,更能体现出周有光是一个爱结识朋友、不端长者架子、思想与时俱进、有责任担当的学者。

专业上的领路人

范可育，女，1934 年生，江苏常州人。1956 年华东师范大学中文系毕业。曾任中国语文现代化学会副秘书长，华东师范大学中文系现代汉语教研室主任、教授。主要从事现代汉语教学和文字改革、现代汉字研究。著有《现代汉字学》《普通话水平测试指要》《楷字规范史略》。

交往录

周有光曾在学术方面引导过范可育，在现代汉字学研究过程中范可育多次得到周有光鼓励，特别是 1981 年周有光写给她和高家莺的一封信，那是针对他们就完善《汉语拼音方案》提出建议的复函，范可育因此觉得如果做周有光的学生很幸福。

周有光对后辈的关切和鼓励，坚定了范可育创建现代汉字学新学科的信心。从范可育萌生建立一门切合社会现实需要、实用性强的应用学科的念头，到发表相关文章、出版图书，再到在高校开展实践，周有光一直都无条件支持。

我们不曾有机缘在课堂上恭听周有光讲课，但拜读过不少著作和文章。周有光用简洁精当的文字所阐释的精辟见解和渊博理论给予我们很多启迪和教益，特别是那些带有前瞻性的见解和经过实证的理论给我们留下了深刻印象。我们着重要提及的是周有光 1980 年发表的《现代汉字学发凡》这篇具有开创意义的文章。《现代汉字学发凡》首次提出了"现代汉字学"的名称，并明确指出："现代汉字学研究现代汉字的特性和问题，目的是为今天和明天的应用服务，也就是为四个现代化服务，减少汉字在现代生活中的不方便。"周有光把为社会应用服务、为国家现代化服务作为学科研究的目标，彰显了语文工作者的社会责任，也体现了这门学科的价值所在，由此我们认识到建立这样一门切合社会现实需要、实用性强的应用学科实乃当务之急。于是在上海高校任教的高家莺、范可育专程赴京拜谒周有光，当面请教创建现代汉字学这门学科的诸多问题。周有光亲切热忱地接待了我们。他神态安详，语调平和，娓娓道来，他所讲的内容渗透众多领域，且具有许多新意和创见。第一次亲聆周有光的教导，我们就感到获益匪浅，不仅获得了知识，也开阔了眼界，更活跃了思路。1984年，在周有光的引领下，我们终于将这门新学科作为一门课程正式搬进了课堂。1986年，在经过两年教学实践的基础上，我们写了一篇题为《建立现代汉字学刍议》的文章发表在刊物上，并将此文呈请周有光指正。周有光在回函中热情地肯定了这篇文章，鼓励我们说："做出真实的成绩来，是最基本的。"信尾提示我们"要以远大的眼光来看待学术问题"。

后来周有光在《光明日报》发表了题为《"现代汉字学"的诞生》的文章，报道了我们开设这门课程的消息，还推介了我们那篇《建立现代汉字学刍议》。周有光对后辈的关切和鼓励更坚定了我们创建这门新学科的信心。我们也认识到，创建一门新学科必须首先把握住这门学科的核心内容和关键环节，才能逐渐形成系统的知识，构建起一个比较完善的学科体系。因而我们在讲授这门课程的基础上注重环绕核心内容，并紧扣关键环节编写出一本教材，系统介绍现代汉字的基本内容和研究方法，并反映这门学科在发展过程中所取得的重要研究成果。说起研究成果，成果累累者当首推周有光。我们认为周有光对现代汉字的研究具有导向性和示范性。我们注意到周有光既重视微观研究，也重视宏观研究。周有光曾说过："为了认识汉字在人类文字中的历史地位，要把汉字放在上下五千年和东西五大洲的文字世界里加以考验。"周有光正是以这样深邃的历史眼光和开阔的世界视野对汉字进行新的探索的。周有光研究汉字既重视静态研究，也重视动态研究，既重视定性研究，也重视定量研究。周有光在阐释整理汉字的定量、定形、定音、定序原则时，强调定量是"四定"的基础，要给现代汉语用字分级定量，不再起用死字，不再生造新字，并进一步研究减少用字总量的问题。受周有光研究方法的启迪,我们在编写教材过程中,也努力尝试运用微观与宏观相结合、静态与动态相结合、定性与定量相结合的方法来考察、研究现代汉字,以求对它有较为全面客观的认识。1993 年,我们三人(高家莺、范可育、费锦昌)合著的《现代汉字学》出版了。该书编写过程中受到周有光的许多鼓励与指导,稿成后又承蒙周有光亲为作序。先生在序言中说:"现代汉字学是'播种于清末,萌芽于五四,含苞于战后,嫩黄新绿渐见于今日'。它是时代的产物。"周有光对这门学科的产生与发展所作的形象描述,激起我们无比的自豪感,我们觉得自己正在为这枝即将绽放的新学科之花添加一叶新绿。周有光在序言中还说:"这本《现代汉字学》的出版,宣告这个婴儿要开始学习走路了。当然,要想健步行走,还必须有更长的时间和更多的研究者来共同抚育培养。"周有光用生动的比喻对我们这本尚显青涩稚嫩的教材作了实事求是的评价,并寄托了对这门学科健康成长的殷切期望。如今,二十多年过去了,现代汉字学这个婴儿,在周有光引领下,经过更多研究者的共同抚育培养,已渐渐能行走了。当然,要走得更稳健并跟上时代步伐,还有待继续努力,还有待不断涌现新的研究者,以保持这门学科的活力。岁月匆匆,转眼周有光已经寿满 112 岁,我们也在不知老之将至中迈入了老年。周有光在百岁后依然孜孜不倦,"键"耕不辍,还不断研究新问题,提出新见解,推出新成果,作出新贡献。我们应当以周有光为楷模,活到老,学到老,干到老,潜心做学问,努力求真知,密切关注语文生活,积极参与语文建设,为语文现代化略尽绵薄之力。今天,周有光虽然已经离我们而去,但他在语言文字学界放射的光芒将继续照耀我们前行。(高家莺、范可育、费锦昌《周有光先生引领我们创建新学科》,《语言文字周报》,2017 年 3 月 22 日)

周有光从世界观察中国,以中国补充世界,周有光一直都坚持世界观、全球观。

周有光在他的《世界字母简史》《世界文字发展史》和《比较文字学初探》这几部著作中,一方面找来国外文字学界的观点和文字资料,另一方面把国内文字学界的观点融合,并融合了自己独特的思考。在《世界文字发展史》这本书里,周有光研究归纳了国内国外文字圈几十种汉字现状,就是形状像汉字,或者汉字的仿造,但是它不是记录汉语,而是记录了很多其他民族的语言,学界一般把这些现象叫作汉字文化圈。周有光把它们详细理解了以后,做了很多的分析归纳,他在《世界文字发展史》第二卷古典文字这一卷里,一共列了六章,其中有三章是国外的文字,比较传统一点的;另外三章是周有光自己经过思考增加的,一章叫作汉字和汉字系统,还有一章叫作三大古典文字中的六书,还有一章对我们彝族的彝文传统和规范化特别地设置了一章。这就是说他在这卷里面有一半的内容都是总结汉字文化圈,在这本书的第三卷第四卷字母文字上字母文字下,周有光也设置了一章音节文字综述,专门论述了包括日本的假名,朝鲜的文字,以及中国境内很多少数民族的文字。周有光对几十种文字进行了研究和分类,并且按照它们的分布分别列入古典文字、原始文字或者是字母文字等等,这些研究对世界文字学填补了很大的空白。当周有光把汉字式的文字跟其他的文字进行比较研究的时候发现,三大古典文字虽然外貌迥异,但是内在的结构有很多相似之处,它们有许多共同的规律,这些都大大丰富了世界文字学的宝库,在世界文字学当中的代表性地位也更加坚实和无可替代了。(范可育《从世界观察中国,以中国补充世界》,《同心文化》,2013 年增刊"周有光与中国语文现代化"学术研讨会专辑)

走近百岁老人周有光

范炎培,1944年生,江苏常州人。主要研究吴语及吴地历史文化,为常州社会科学院历史文化研究所研究员、江苏理工学院名人研究院研究员、人文学院客座教授。多年来,在高校开设"常州方言文化""吴地文化"等课程。出版

《周有光年谱》《岁月时时有光——110岁老人周有光访谈录》《常州方言》等著作。

交往录

范炎培与周有光的联结点源于常州方言,范炎培因研究常州方言,有缘结识周有光,作为周有光的同乡及研究学者,曾经十多次拜望周有光,受到周有光的教导,受益匪浅。因钦佩周有光渊博的学识和完美的人格品质,从此成为周有光的"粉丝"。

范炎培曾于2005年6月拜望过周有光,周有光生活简朴,以书为友,虽已是百岁老人,却无一点老态龙钟,思维敏捷,文理清晰,还很幽默,平易近人,没有一点架子。

2005年6月7日下午,我随嫂洪基(常州先贤洪亮吉八世孙,北京昌平师范退休教师)来到北京朝内大街胡同里一幢普通的公寓楼。走进周有光的家,那是极普通的两个两居室相连的公寓房,灰白色的墙壁,水泥地坪,没

19

有豪华的装修,没有豪华的电器,没有豪华的家具,一切都显得很平常,是平常得再也不能平常的一个普通老百姓的家。先生午睡尚未起身,我随洪基坐在周有光简陋的书房,书房北窗前是一张油漆斑驳,又旧又小简易的办公桌,桌前放一简便椅子,东墙边放一张旧三人沙发,旁边散放着两张小圆凳及一张方凳(常州人称"骨牌凳"),南墙房门边和西墙边则是两架大书橱,里面放满了各种各样的书和资料,当然这大都是周有光的著作。

不一会儿周有光步履稳健地来到书房,乍一见面怎么也不会相信这是百岁老人,周有光个子不高,慈眉善目,红光满面,肤色白里透红,皮肤光滑,很少皱纹,从外表看顶多80多岁,不说真实年龄,谁会相信这就是百岁老人呢。周有光说话有力,风趣幽默:噢,是洪状元的后人来了(注:洪亮吉是清三甲进士,非状元)。我从包里拿出从常州带来的咸菜、萝卜干、大麻糕、素火腿送给周有光。我们的谈话也就从常州的萝卜干、咸菜开始,这情景完全是我们常州人邻里之间"串门""讲空话"。老人见了这么多常州土产,连声称谢,忙说上次洪基送来的咸菜还舍不得一下子吃完,这一次又可以吃一阵了。老人思念家乡的咸菜、萝卜干,这也是一种思乡情结吧。

我们坐在周有光的书房就很自然地谈到老人的学术著作,百岁老人思路敏捷,文理清晰,年届百岁,还接受电视台、报社的记者采访和外出讲座。2004年12月25日周有光应邀到"中国现代文学馆"作比较文字讲学,共讲了3个小时,听讲座的学生当场用纸条提问,周有光都一一作了详尽的回答。书房墙上挂着的一幅大照片就是周有光当时开讲座的镜头。2005年1月又外出讲学。老人有两本在大学的讲义,也都翻译成两种外文,其中一本《中国语文的时代演进》,中英文对照厚厚的一本书,是张立青教授花了4年的时间译成,在大学里作课本用。周有光很健谈,谈话中觉得热了,脱去了穿着的背心(马甲),依然兴致很高地谈笑着。在谈笑中,周有光几次起身走进另一房间,先后拿出5本书,其中有周有光著的《21世纪的华语和华人》,与夫人张允和合著的《最后的闺秀》《浪花集》。周有光提笔在书的扉页上写下"基姊惠存,周有光代张允和赠2005-06-07,北京"。洪基和我连忙提出:怎么好称"基姊"?!周有光笑道:"天堂里是不讲年龄的,一位记者到天堂里去采访祖孙二人,发现爷爷比孙子年轻,原来在人间时爷爷活的岁数比孙子小,故而在天堂里爷爷就比孙子年轻了。"周有光一番幽默的故事,引起了我们的大笑。《百岁新稿》《现代文化的冲击波》这两本是周有光送给我的:"炎培先生指正,周有光2005-06-07,时年100岁。"我受宠若惊,怎敢对大师的作品指正呢？我和洪基连忙提出不能写指正，周有光说："做学问要虚心听取不同的意见，我的得意门生就是敢于提出不同意见的人。"我把从常州带去的《周有光语言论文集》从包中拿出，请周有光题词，周有光欣然提笔写道：中国的语言和文字必须不断进行自我完善化，紧跟着瞬息万变的历史步伐，向信息化时代前进。（范炎培《走近百岁老人周有光》，《钟山风雨》，2005年第5期）

周有光对方言很重视，认为可以作为一种学术文化去研究，可见周有光的前瞻视野。

周有光耳有点背，和我们谈话需要戴助听器，自称"年纪大了，耳朵老化了"。在周有光10岁时，举家从常州青果巷迁往苏州定居，因生活在讲常州话的家庭中，所以听得懂常州话。周有光常年漂泊在外，夫人又是合肥人，故自称讲话"南腔北调"，对我们讲的也是"常州普通话"。周有光说："常州话讲不好了。在大学里有位教师把我的谈话录了音，作为'吴语普通话'的听力教材，自己听了自己的录音，浓重的常州土腔，实在难听！"周有光得知我们编写《常州方言》说："现在是双语社会，我们在国际上双语是汉语和英语，在国内的双语是普通话和方言，在家可以讲方言，在外面要讲普通话，方言可以作为一种学术文化去研究。"讲到同样从常州青果巷走出的语言大师赵元任先生，周有光崇敬地说："赵先生的学问很了不起，是我的老师。"虽没有直接成为赵先生的学生，但周有光年轻时在美国学习常常到赵元任处请教，赵元任很幽默地称周有光的夫人张允和讲话是"半精（北京）半肥（合肥）"。（范炎培《走近百岁老人周有光》，《钟山风雨》，2005年第5期）

周有光对家乡常州爱得深刻，在外漂泊多年，有浓重的思乡情结。对家乡的咸菜、萝卜干非常喜欢。

周有光拿出由常州政协编写的《魅力常州》一书，指着书中市河的图片深情地说，小时候住在青果巷，记得后窗外是运河，可以看到来往的船只，有的船头两边画着眼睛，是海船。周有光特别回忆起在月光下船上撒网捕鱼的景象，90多年了现在还依稀在目。周有光动情地讲道：纪念瞿秋白就义50周年（注：1985年）的活动中，我应邀回常州，住在白荡宾馆。距今已有不少年了，现年纪大了，医生和家人都不允许我外出，不然还想回常州看看。（范炎培《走近百岁老人周有光》，《钟山风雨》，2005年第5期）

周有光从经济学转向语言文字领域是出于为祖国建设出一份力的使命感，在动荡的年代，不论遇到什么困难，周有光都坦然处之，乐观面对，还能在以后的岁月里,当作笑料谈资回忆起来。

周有光书架上有一套《简明不列颠百科全书》,1985 年 6 月出版。书中的中方编委编审有刘尊祺、钱伟长、周有光,美方有吉布尼、索乐文(曾任美国副国务卿)、金斯伯,6 个人组成中美联合编审委员会。周有光说这是中美建交后在文化史上的一件大事,是一件有意义的工作。周有光同时讲了常州人姜椿芳主持了《中国大百科全书》的编写工作,是很了不起的事。

周有光在新中国成立初期毅然回国,"当时新中国刚成立,那时在国外的知识分子感到新中国有希望,回国参加祖国建设的热情很高。回国后在复旦大学教经济学,1955 年参加全国文字改革会议后留下来调往北京,改做文字语言工作了"。周有光笑道:"我逃过了'反右'的劫难,是我命大运气好,留在上海搞经济的很多同事都成了右派。"周有光又说,我再讲一个"笑话"你们听听。1979 年有位领导找周有光,叫周有光到欧洲去参加一个学术活动,这是国外指名邀请周有光参加的,并叫周有光去购买衣裤皮鞋,言明回国后要上交的。到了飞机场,周有光口袋里没有一分钱,那位领导讲既然是外国人邀请你,就让外国人出钞票吧。周有光身无分文,勇敢地登上飞机。之后就经常有外国学者专家邀请周有光到国外去参加有关学术活动。周有光很平淡地讲着他亲身经历的"笑话",我们听了只是感到心情十分沉重,哪里还笑得起来。周有光一生淡泊名利,心态平和,遇事不管大小都坦然处之。这是周有光的长寿秘诀之一。周有光当场亲笔手书《古文观止》一书中的"卒然临之而不惊,无故加之而不怒"。对我们讲述遇事要坦然处之的道理。周有光说国外有位哲学家说过:不要生气,生气是用人家的错误来责备自己,这对身体有害。怎样才能不生气,就是要思考大问题,不想小事情,我 100 岁了,只管大事。别人说吃小亏占大便宜,我是吃小亏,不要占便宜。周有光的话引起了我们的哄堂大笑。(范炎培《走近百岁老人周有光》,《钟山风雨》,2005 年第 5 期)

百岁老人周有光可以称作"奇人",90 岁后还能写书、思考。原因在于周有光淡泊名利,不争不抢的心境,在于日常的饮食讲求养生。

2005 年 4 月 9 日《北京晚报》载文《周有光的陋室铭》,上面刊登了周有光自制的"陋室铭"。文中指出:周有光所以能够活到 100 岁,主要原因是他始终"有一个明确的目标"。三联书店最近刚出版了一本奇书,叫作《百岁新稿》,这都是周有光 90 岁以后写的作品,人们称它为"奇书"。一个人到了 90 岁,还能读书,还能思考,还能写作,还能结集出书,堪称是一件奇事。周有光还说，这是他的第 27 本书，但不是他的最后一本书。"朝闻道，夕死可矣"，这就是周有光最好的长生不老滋补品。还有就是心静。白居易说："自静其心延寿命，无求于物长精神。"周有光是《汉语拼音方案》的主要创制人之一，也是中国语言学的权威。但他从来不居功自傲，更不争权力，要待遇。……他总能够居于陋室，安于陋室，无求于物，自静其心。

周有光平时每顿吃一小碗饭，常吃青菜、豆腐、鸡蛋、牛奶，从不刻意所谓的保养身体，不吃补品。周有光自述生活要平淡稳定，吃东西不要过分，不要老吃所谓的山珍海味，要吃家常便饭，吃青菜豆腐，就是赴宴会也不要多吃。周有光讲人的一生从一岁到 100 岁，就是一个曲线，周有光边讲边用笔在纸上画着曲线图，从 1—10 岁是快速生长期，10—20 岁是智力开发、学习的时期，20—80 岁是人生工作的最佳时期，80 岁以后开始衰老，80—90 岁是智力衰退期，90—100 岁到了退化期，可是周有光 100 岁时，还坚持写作，头脑清晰，思维敏捷，步履稳健，真是奇迹啊。（范炎培《走近百岁老人周有光》，《钟山风雨》，2005 年第 5 期）

范炎培在周有光的宣传方面尽了很大一份力，从写文章、做讲座到举办周有光展览、编写《周有光年谱》等等。

我发现在周有光家乡常州，有很多人，竟不知道周有光是何许人。我感到有责任宣传周有光，就写文章，做讲座，宣传周有光。特别是在 2010 年 1 月 15 日，由我牵头联合周有光母校常州中学、常州市图书馆、江苏工业学院（现常州大学），在常州图书馆举办了"常州籍著名语言文字学家周有光大型图片展"，庆贺周有光 105 岁生日。同时把周有光的儿子周晓平请回常州，这是晓平兄第一次回到家乡常州。晓平拿着周有光凭着百年的记忆而绘制的老宅平面图，走进了青果巷，晓平说，"自此我才有了家乡的概念"。这是在国内外前所未有的展览，在展览大厅里摆放了由常州雕塑家冷天明专制的周有光大头像"智慧老人"以及周有光与夫人张允和"花前共读"的两个塑像。同时还在展览大厅里循环播放我整理制作的采访周有光的录像资料，把周有光的音容笑貌原汁原味地展现在家乡父老乡亲的面前。原来计划展出 10 天，结果延期到半个月，还有很多人来参观。

2007 年我对周有光父子说，趁周有光健在，写一部周有光的传记。周有光低调，不愿意写传记。因我多次拜访周有光，积累了许多相关资料，在周有光父子的支持下，花了两年半的时间，编撰了《周有光年谱》。从青果巷周有光的曾祖父周赞襄写起，直至 2012 年周有光 107 岁。年谱一般是在身后才编写,取名《年谱》得到周有光同意。23 万字的书稿经周有光亲自审阅修改,批语:"很好,谢谢! 有光 2011-09-22。"周有光亲笔签字授权给我,由北京群言出版社出版。为了增加年谱的可读性,《周有光年谱》实际上已经超出了一般年谱写作的体例,刊登了一百几十张周有光在各个时期的照片,刊登了一些专家学者的文章。序言由周有光的表弟,人民文学出版社原总编屠岸撰写。同时我特地登门拜访了当年 94 岁的李锐先生,把李老的文章《向周有光老人学习》作为代序。这些年来我自发地自费宣传周有光,乐此不疲,把宣传周有光当作自己一份义不容辞的责任。出版《周有光年谱》没有一分钱的稿费(出版社送一部分书给我作稿费),常州的亲朋好友纷纷前来索书,说明他们想了解周有光,是一件好事。我先后花了几千元钱买书送人,在所不惜。本来我设想在《周有光年谱》中附带一张记录周有光讲话的光盘。因为经费问题,没有实现,留下一点遗憾。当然年谱还没有画上最后的句号,再版的话,还要补充和修订。

《周有光年谱》以 100 多年前周有光的出生地常州青果巷为起点,采取逐年记载的方式编年记事,以周有光 107 岁的年岁为纵轴,将其 100 多年的人生经历、社会活动、日常生活中的主要事件及其对周有光众多的作品进行纪年记载,谱录周有光看似平凡的人生轨迹。从横的方面,又记载了与周有光有关的国内外的政治、社会、文化等方面的大事,力图反映出时代的特征,显示周有光当年的活动背景。……周有光的人生经历丰富,要完全记录周有光的传奇人生实在不易,《周有光年谱》只能算是对周有光 100 多年的"有光"人生经历,作一次纪年简编。编撰周有光年谱,只是按年对周有光人生的轨迹作了忠实的记载,不加评论,让读者自己去阅读周有光的人生,相信读者自会有所感染和收获。

《周有光年谱》也记载了周有光的家庭亲情、人情等一些琐事,从另一角度反映周有光人生轨迹的时代特征。这对于认识周有光的思想发展,对周有光的作品探索、治学态度以及了解周有光在思想上和学术上所达到的成就会有更深刻的认识。读者倘若细细思考周有光人生之路的得失,做到知人论世,在前人那里吸收智慧和经验教训,从中得到做人和做事的启发,不论是处世,或是从政、经商、治学、做工,相信都是很有益处的。

周有光多次给我的亲笔题词和签名赠书,以及拜访周有光时与周有光的合影和现场录像,成为我珍藏的宝贵资料。如今我翻看着这本《周有光年谱》,准备着后续资料,自感进度缓慢。从我内心来讲,似乎周有光仍然健在，周有光和蔼可亲的音容笑貌，仿佛就在眼前，真不愿意把年谱画上句号。（范炎培《我为周有光编年谱》，《钟山风雨》，2018 年第 5 期）

范炎培与周有光前后共交往过十多次，范炎培在宣传周有光方面目的可谓纯粹，通过他的讲述，我们感受到了一个有血有肉、立体的周有光，对未曾亲眼见过这位百岁老人者而言，其音容笑貌如在眼前。

站在世界语文发展前沿推进语文现代化

费锦昌,1938 年生,江苏无锡人。教育部语言文字应用研究所研究员,中国语文现代化学会常务理事,《语言文字应用》原主编。长期从事语文刊物的编辑工作,曾先后任国家级刊物《文字改革》《语文建设》杂志副主编兼编辑部主任,业余时间从事现代汉字学的研究工作。

交往录

费锦昌与周有光同在语言文字应用研究所工作过,当时周有光是单位中的首席理论家。

1979 年 2 月,我调到中国文字改革委员会工作,那时候周有光已经在这个单位工作了 24 年,后来这个单位改名为国家语言文字工作委员会,再后来是语言文字应用研究所,周有光始终是我们单位和我们这个领域学术方面的首席理论家(费锦昌《站在世界语文发展前沿推进语文现代化》,《同心文化》,2013 年增刊"周有光与中国语文现代化"学术研讨会专辑)

费锦昌曾回忆与周有光在语言文字工作中交往的点点滴滴,从中可以看出周有光熠熠生辉的现代化思想、独立思考的真知灼见。

1979 年,国家决定把工作重点转移到现代化建设上来,那个时候叶籁士、倪海曙、周有光十分敏感地、非常及时地把当时的文字改革工作,即简化汉字,推广普通话,致力于推广《汉语拼音方案》,把它纳入现代化的航程当中。他们把 1980 年 2 月创刊的全国高等院校文字改革研究会的刊物就起名为《语文现代化》,首先在语言文字学界树立了语文现代化的大旗,我有幸参加了这个刊物前面几期的具体的编辑工作。这份被语言文字学界的一代宗师吕叔湘先生称赞为"非常出色"的刊物,在其发刊词中,周有光提出,文字改革就是语言文字现代化,文字改革的最终目的是语文现代化,语文现代化的首要工作是文字改革。周有光还在创刊号上进一步阐述了他对文字改革和文字现代化关系的理解。他说:"我们处在这样一个时代,从产业革命开始,现代化以后,又到了现代化的一个新的阶段,在第一阶段把人的手延长了,现在这个阶段电子计算机把人的脑袋延长了,现代化是一个不断地动的概念,不断地发展的概念,要永远地发展下去。我们的文字改革工作,文字的研究就是在这样一个历史的不断前进的长流之中来进行。"

当时,《语文现代化》这个刊名引起了语言文字学界里面一个小小的争论,有些人认为语言文字的研究手段,语文生活都可以现代化,但是语言文字本身怎么能够现代化呢?周有光在陆续发表的论作里面进一步阐明了语文现代化的概念,他认为,"语文本身就是语文工具,语文生活就是语文应用,对语文工具进行规范化的加工就是语文本身的现代化,应用方法的不断改进当然也是语文现代化"。他还举了一些例子,比如说,民国初年制定国语标准,曾经考虑过基于多数省份的汉字读音作为标准好呢,还是以北京受过中等教育的人们的口语作为标准好呢?这是最早对汉语本身现代化的一个观点。再比如 20 世纪 50 年代,进行了异读词的审音,到现在要对"异形词"进行规范化,这个都是对于语文本身的现代化。文体从文言改为白话,是书面语本身的现代化;汉字从繁体改为简体,是汉字形体本身的现代化;注音方法从反切改为字母,从汉字形式字母改为国际通用字母,是注音工具本身的现代化,语文本身一直在不断现代化。在《中国语文的时代演进》中,周先生就把语文现代化明确地归纳为四个方面,就是语言的共同化、文体的口语化、文字的简便化和注音的字母化。

周有光除了在理论上对语文现代化进行论述以外,还在语文现代化这块园地上辛勤耕耘。他在《语文现代化》这本刊物上就发表了多篇重要的论文。比如,在创刊号上,他发表的汉语拼音正词法要点,是应国际化标准组织召开的语文转换国际标准化会议的要求草拟的,这篇论文奠定了我们国家汉语拼音正词法的基础。再比如,在这个创刊号上,周有光和北京市第四聋哑学校的教师沈家英合写的一篇《从汉语手指字母到汉语音节指式》,这

27

篇文章为实现我国聋哑人语文教育的现代化作出了贡献。再比如,他把汉字学分为历史的汉字学、现代的汉字学和外族的汉字学。他指出,现代汉字学研究现代汉字的特性和问题,目的是为今天和明天的应用服务,也就是为四个现代化服务,用这个来减少汉字在现代生活里的不方便。开创了汉字研究的新领域,是现代汉字学的奠基之作。再比如第六期发表的《谈计算机处理的中文汉语拼音输入法》,这篇文章在当时输入法万马奔腾的混乱局面下,周有光力排众议,他力举拼音输入法,指出输入汉语不仅仅是输入汉字,是词语处理机,不仅仅是个电子的打字机,周有光的主张,对我国电脑输入法的改革具有方向性的引领作用。

无论是当面聆听或者是研读周有光的宏论,我觉得自己的眼光拓宽了,胸襟开阔了,周有光始终站在世界发展的高度来看待中国的走向,站在世界语文发展的前沿来分析汉语言文字的演进。反过来,又用汉语言文字的发展和语言的实际来补充丰富世界语言文字发展的规律和理论。读到这些文字的时候,我就意识到,正是他的眼光、他的胸襟使他过了百岁高龄还能够才思敏捷,勇跟世界发展的潮流。我听到很多人打听周有光长寿的秘诀,我觉得这些人里面,很多只考虑到体魄的健壮、寿命的延长,而没有考虑到健康不只是身体的健康,更是心智的健康。(费锦昌《站在世界语文发展前沿推进语文现代化》)

费锦昌是周有光的晚辈,他说通过了解周有光,自己的眼界得到了拓宽,学会了站在全球化发展的高度看中国。

周有光先生二三事

冯志伟,1939 年生,云南昆明人,教育部语言文字应用研究所研究员,计算语言学家,专门从事语言学和计算机科学的跨学科研究。现为教育部语言文字应用研究所研究员、博士生导师、学术委员会委员、中国语文现代化学会副会长、中国人工智能学会理事、国家语言文字工作委员会 21 世纪语言文字规范(标准)审定委员会委员、全国科学技术名词审定委员会委员、全国术语标准化技术委员会委员,《中国语文》《语言文字应用》《中国科技术语》《语言研究》等核心期刊编委,北京大学、浙江大学、黑龙江大学、中国传媒大学兼职教授,中国科学院自动化研究所国家模式识别重点实验室学术委员会委员。在国际上,他是跨欧洲语言资源基础建设工程学会顾问委员会委员,第一、二、三届语言资源与评测会议国际顾问委员会委员,《语料库语言学》国际杂志编委,《中文与计算》国际杂志编委,《语料库与话语研究》编委。

交往录

冯志伟与周有光交往始于 1962 年,周有光是冯志伟"汉字改革概论"的老师,讲课趣味盎然的他给冯志伟留下了深刻的印象;第二次交往是 1981年,冯志伟去北京沙滩的文改会宿舍拜望周有光;1985 年二人在国家语委语用所一同工作,交往也变得频繁,成了忘年之交。

冯志伟初见周有光是在 1962 年北大的"汉字改革概论"课堂上,周有光的讲课魅力使得冯志伟对语言学产生了浓厚的兴趣,课间经常向周有光请教问题,二人关系很好。

在 20 世纪 60 年代初期,我就是周有光的学生了。1962 年,周有光在北京大学中文系讲授"汉字改革概论"的课程,当时我已经从理科转到中文系学习语言学,对于周有光的课程产生了浓厚的兴趣,每次上课,我总是坐在阶梯教室的第一排,认真学习课程。周有光的课程深入浅出,他讲课时谈笑风生,常常通过各种实例来论述汉字改革的原理。我特别喜欢他讲课的语言,他的讲话朴实自然,娓娓动听,犹如天上的行云,山中的清泉,给人以美的享受。在课间休息的时候,我总是喜欢向他请教各种问题,他的解释言简意赅,趣味盎然,给我留下了深刻的印象。当时裘锡圭做他的助教,他对周有光非常钦佩,课余时常常给我们进一步阐述周有光的思想,40 多年过去,裘锡圭已经成为中国文字学的卓然大家了,可见当时周有光的课程影响之深。

1981 年冯志伟去周有光家里拜望周有光,周有光"斯是陋室,惟吾德馨"的乐观精神令人敬佩。

"文革"浩劫之后,迎来了科学的春天,我改行学习自然科学,从云南回到北京,通过考试成了中国科学技术大学研究生院的研究生,不久公派到法国格勒诺布尔(Grenoble)理科医科大学应用数学研究所留学,1981 年回国之后,我立刻就和语言所的一个朋友去看望阔别了将近 20 年的周有光。当时周有光住在北京沙滩的文改会宿舍,这是过去北京大学教师住的老式平房,已经很陈旧了。我们一进门,地板就"咯吱咯吱"地响起来。我们说,像周有光这样世界知名的大语言学家,没有想到住房条件还这样差。周有光笑着说:"地板不好没有关系,如果地板不响,我怎么知道你们来了呢?地板正好可以当作我家的门铃来用。有什么不好的呢?"周有光诙谐地回答,说得大家都笑了。我看到周有光红光满面,眼病也好了,而且心情这样地乐观,蜗居陋巷而不以为苦,非常钦佩周有光这种乐天知命的精神。1984 年,周有光迁入后拐棒胡同,住房条件有所改善,我们都感到由衷的高兴。

1985 年冯志伟调到国家语委语用所,与周有光在同一机构工作,二人因此成为忘年之交。

1985 年国家语言文字工作委员会成立,我因工作需要从中国科技信息研究所计算中心调到了当时的国家语委语用所,重新回到了语言学的队伍,有幸与周有光在同一机构工作,我全家也迁到后拐棒胡同,和周有光住在一个大院中,我们见面的机会更多了。我经常向周有光请教问题,成了忘年之交的朋友。逢年过节,周有光总是喜欢从他住的一单元三楼到我家里聊天,我家住在二单元五楼,为了来我家,周有光要从三楼下来,再爬上我家住的五楼。每当周有光来到我家,我都对他说,您年纪大了,不要再爬楼了,下一次请打电话叫我,让我到先生家去聊天。可是周有光总是说:"上楼下楼,活动活动,对身体有好处。"

在学术方面,周有光学贯中西,具有远见卓识,曾给予冯志伟很多价值颇大的指点。

许嘉璐担任语用所的所长之后,主编一套《语言文字应用丛书》,他要我为丛书写一本《应用语言学综论》,许嘉璐对我说:"志伟,你懂的外语多,对于国外应用语言学的发展情况比较清楚,写《应用语言学综论》,就要给应用语言学的学科体系搭一个架子,描画出应用语言学的学科体系的轮廓。这个任务就交给你了!"我是搞自然语言处理的,对于应用语言学的整个学科体系所知不多,许先生给我出了一个难题!可是我推脱不了,只好硬着头皮,坐下来广泛阅读国内外文献,开始思考应用语言学的总体构架。

应用语言学包括的领域很广泛,有语言教学、语言规划、语言信息处理、词典编纂、语言翻译、国际语学、社会语言学、心理语言学、语言风格学、实验语音学、神经语言学、病理语言学、广告语言学、术语学、人名学、地名学、速记学、儿童语言发展研究、广播电视语言研究、作家作品语言研究、体态语研究、盲文研究、语言侦破研究等等,在这众多的领域中,怎样勾画出应用语言学的大致轮廓,搭建应用语言学的基本构架,我感到很茫然。带着这样的问题我去请教周有光,周有光很谦虚,他对我说,"谈不上请教,我们讨论吧!"于是,我们坦诚地交换了意见。周有光具有开阔的学术视野,深邃的历史眼光,他对于国内外应用语言学的研究情况了如指掌,经过周有光的指点,我认识到,尽管应用语言学涉及的领域如此纷繁,但是我们不可能面面俱到,一律对待,而应该分清主次,把这门学科的重点放在语言教学、语言规划、语言信息处理三个方面。周有光把这三个方面叫作"应用语言学的三大应用"。他说,这个问题他早在1992年就考虑成熟了,他建议我读一读他在1992年发表在《语言文字应用》创刊号上的文章。后来我仔细地阅读了周有光的这篇文章,根据周有光的意见,我在《应用语言学综论》中,对于应用语言学这门学科的各个部分做了如下的安排:如果把应用语言学比作一个大厦,那么,可以把语言教学、语言规划和语言信息处理作为应用语言学这个大厦的三大支柱,而其他的各个分支学科作为应用语言学这个大厦的次要组成部分。这样一来,便突出了重点,分清了主次,当代应用语言学的基本框架也就清晰地浮现出来了。周有光关于"应用语言学的三大应用"的远见卓识,使我豁然开朗,我的茫然情绪一下子烟消云散了。我不禁想起了郑板桥的名言:"删繁就简三秋树,领异标新二月花"。我们做研究工作,应该像三秋的树木那样"删繁就简",像二月的鲜花那样"领异标新"。周有光这种"删繁就简"和"领异标新"的高超本领,令我非常佩服。

在语言学的诸多应用中,语言翻译和词典编纂这样的领域也是非常重要的,为什么周有光没有把它们包含到应用语言学的"三大应用"之中呢?我想,这是因为语言翻译和词典编纂这样的领域,早已独立于应用语言学的学科之外,成为能够创造财富的很大的产业了。语言翻译有像翻译公司这样的产业,词典编纂有像辞书出版社这样的产业,应用语言学已经包容不下这样大的产业了。当然,在应用语言学的学科体系中,仍然应该注意语言翻译和词典编纂,绝对不可以忽视它们。我想,对于这样的复杂问题,周有光在提出"应用语言学的三大应用"时,早就考虑得很透彻了。所以,他没有提"五大应用",而提"三大应用"。这是卓有见地的。

冯志伟曾与周有光讨论过中文分词的问题。

1999年9月,我应邀到德国特里尔(Trier)大学担任客座教授,2000年初,我参加了一个关于多语种互联网的国际会议。在与各国代表的交流中,我深深感到:中文要在因特网占有相称的地位,前提条件是利用拼音。利用拼音必须分词连写,使计算机知道汉字文本的词的界分在哪里,否则一系列重要的技术问题都难以解决。于是,我写信给周有光。周有光立即给我回信。在回信中,周有光亲切地称呼我为"同志",他说:我称呼您"同志",是因为我们志同道合。您提倡中文分词,词之间留空格,我万分赞成。这封信阐述了周有光关于中文分词书写的思想,非常重要。这里我照录如下。

志伟同志:

我称呼您"同志",因为我们志同道合。您提倡中文分词,词之间留空格,我万分赞成。

我多次说过:汉字文本虽然不分词,可是阅读的时候,必须在心中默默分词,这叫作"分词连读"。例如"中华人民共和国",必须读成"中华‖人民‖共和国",不能读成"中‖华人‖民共‖和国"。阅读的时候,如果心中的分词错了,自己就看不懂文章的意思,因为我们的语言是用词作为表达意思的单位的。

大约10年前,陈力为先生也曾经提倡中文分词,词之间空格,可是响应的人非常少。

汉语自动分词,实际包含两个问题:(1)汉字文本;(2)拼音文本。

拼音的分词,在中央电视台的"新闻联播"拼音标题上,原来已经实行,写成"XINWEN LIANBO"。但是,近来在反对拼音,更反对分词的潮流中,又恢复了按照字(音节)分写的方式。可笑的是,中央电视台的旧标题没有改,而新标题改成"XIN WEN LIAN BO"。在几秒钟之内,你可以看到两种不同的拼写方式在同一个电视台出现。

在50年代,我和倪海曙、郑之东等同志,尝试汉语文本分词书写,词之间空格,曾经排印过两个小册子,作为试验。大家看了说:不好看。不好看的原因是:(1)汉语文本里有许多单音节词,空格使人以为是排版稀疏。(2)汉语书面语往往是文言和白话夹杂,一会儿写单音节的文言词,一会儿又写双音节的白话词,发生混乱。

我得到的理解是:分词要从拼音做起,还要提倡书面语口语化。如果在小学的拼音教学中,拼音一概分词书写,形成习惯,就能够事半功倍。听说现在小学正在减少拼音的学习时间,反对拼音分词书写,理由是拼音不是文字。

我在10多年前,请香港中国语文学会资助方世增同志进行"分词注音"的软件研究,获得成功。只要有汉字软盘文本,就可以利用这个软件在电脑上自动打印出汉字和拼音对照的文本,一行汉字,一行拼音,分词书写,同时标记声调,错误率在5%左右。1万汉字的文本只需要两分钟就能够完成注音和打印。很可惜,这个软件没有得到利用,因为没有出版社愿意出拼音读物。

我想,提倡中文分词,最好首先提倡拼音分词书写。有一个小故事:北京王府井的中国工商银行大门外,10年前有拼音名称:

"ZHONGGUOGONGSHANGYINHANG"

我劝他们改成分词书写,他们说没有这笔经费。敬祝

研祺!

周有光 2000-02-18

周有光在这封信中全面地说明了他对于中文分词书写的意见,这些意

见在今天仍然有指导意义。特别是他提出"分词要从拼音做起"的主张,是他长期调查研究得出的重要结论,值得我们大家深思。

为了普及汉语拼音正词法的知识,最近我和新加坡学者合作写了一本书,叫作《汉语教学与汉语拼音正词法》,由新加坡 Marshall Cavendish 出版社出版。周有光非常支持这本书的出版,特别为我们写了如下的题词:

"语言使人类别于禽兽,文字使文明别于野蛮,教育使先进别于落后。

周有光 2005-02-26 时年 100 岁"

这个题词不仅反映了百岁老人周有光对于推广汉语拼音正词法的关切,还显示了他对于语言、文字和教育的深刻思想,闪耀着智慧的光芒。

为了纪念周有光 100 岁生日,我把他的亲笔题词附在这里,使大家能够共享周有光的聪明和智慧。(该文系冯志伟本人供稿)

从冯志伟的讲述中,我们看到了周有光对学术的热情,对后辈的关爱。他为制定和推广《汉语拼音方案》奋斗了大半生。冯志伟曾回忆:"虽是 112 岁的人了,但对每个国家采取的策略,对国家大事、国际大事都洞若观火。当时他端坐在椅子上,兴奋之后,显得有些疲倦了,但是还接着说,'我们应当从世界看中国,世界也需要汉语拼音!'他的这些话掷地有声,令我永志难忘。"

朝闻道，夕死可矣

葛剑雄，1945 年生，浙江绍兴人。教授，历史学博士，博士生导师。中国国民党革命委员会中央委员，现任教育部社会科学委员会委员，政协第十二届全国委员会常务委员会委员，曾任复旦大学中国历史地理研究所、历史地理研究中心主任。2016 年 8 月，任中央文史研究馆馆员。2015 年 3 月 9 日全国政协委员、教育部社会科学委员会委员葛剑雄建议国家恢复和发展中等专科和职业学校，如普通师范、幼儿师范、护士学校等各类职业学校，实行免费或全额奖学金，与义务制教育对接，使毕业生合理分流，为社会提供高素质的普通劳动者中级人才。

交往录

葛剑雄与周有光的第一次见面在 1985 年 5 月，他的老师谭其骧与周有光是多年好友，此次拜访便是陪同老师看望周有光一家。

1985 年 5 月，先师季龙（谭其骧）先生利用出席中国科学院学部大会的休息日，看望他的老友周有光先生。我正随侍先师，有机会谒见周先生和师母张允和先生，并留下了一张当时远未普及的彩照合影。此后，除了我在 1985 年去美国一年外，每次先师去周先生家都是由我陪同的。在先师归道山后，我仍不时趋谒。近年来为不影响他的正常作息，一般每年见周先生一次。

三十多年来,周先生在我心目中的形象没有随着他的高寿而衰老,却更加富有活力,更觉亲近。(葛剑雄《二八年华正当时——庆贺周有光先生一百零八岁寿辰》,《有光一生 一生有光——庆祝周有光先生茶寿文集》,金钥匙华文出版社2014年版)

周有光幽默风趣,看淡生死,豁达睿智。

二十多年前,周先生对我说:"我过了八十岁后就认为,八十岁的周有光死了,现在我是新生,还不到十岁。别人躺在床上在算还有几天好活,我一点不担心,还高兴又多活了一天。"所以在周先生百岁寿辰时,我曾写过一篇短文《百岁老人,二十岁青年》。

周先生的"新生",实际上是重新审视中国和世界,包括否定陈说,告别以往,超越自我,实践当世界新公民。读先生的《朝闻道集》《拾贝集》和他近年的谈话录,体会他提出的"双文化论"、民主道路和世界眼光,方能明白他以八十岁后为新生的深意。这位中国最年长的世界公民的"籍龄"才二十八岁! 二八年华正当时,他正在教育带领更多国人成为世界公民,也足以成为世界公民的表率和典范。

对老人一般忌讳的死亡,周先生表现了罕见的豁达和理智。他不仅这样说,也是这样对待的。1992年先师病危期间,听了我的禀告后,周先生说:"你回去告诉他,这是自然规律,要坦然应对。"张允和先生去世数月后我谒见周先生,还没有等我开口,他就说:"你用不到宽慰我,人的死亡是自然规律,她走得很安详就好了。"他又说:"我本来担心一个人会很寂寞,现在看来不会。"

但近年来,我逐渐明白,周先生这样说,并非只是透彻感悟生命的睿智,坦然面对死亡的豁达,而是"朝闻道,夕死可矣"的追求,也是世界新公民的宣示。(葛剑雄《二八年华正当时——庆贺周有光先生一百零八岁寿辰》)

周有光身处九尺书桌,心系偌大世界。

周先生在八十五岁离开了办公室,此后就在那九平方米的斗室中工作和思考,近年来连食宿都在其中,但他关注的却是全中国、全世界、全人类。仅由我聆听所及,就包括东欧剧变、"斯大林体制"、西欧社会、西方文化、"亚洲四小龙"、阿拉伯、儒家学说、西化、现代化、简体字、汉语拼音、世界上的拼音文字、宗教、胡适、鲁迅、班禅、政协旧事、大百科全书、"文革"、宁夏干校等等,甚至还有刚发生的事件。他还常常将在那台电脑打字机上打印出来的文章给我看，其中有的是他自己写的，有的是他摘录的材料。在全世界同年龄的人中，他肯定是最关注世界的。在一些重大方面，他的关注度和见解绝不在年富力强的学者之下。（葛剑雄《二八年华正当时——庆贺周有光先生一百零八岁寿辰》）

周有光对待晚辈像平辈交流的朋友，谦虚和蔼。有时讨论问题讨论到废寝忘食。

周先生高年劭德，誉满天下，又是我的老师和父辈，但他在谈到具体见解时，总是谦虚地说："我信息不灵，或许你们早已知道了，或许已经过时了。"对他写的文章，也总是说："你看看是不是有道理，不对的地方一定要指出来。"每次我向他报告自己的见闻，他都饶有兴趣。有一次午饭后我们谈得久了，张先生过来干预："周有光，快睡觉去，现在轮到我们谈了。"

天之降大任于斯人，必予以优秀遗传基因，使之健康长寿，智力超常；须自幼接受良好而全面的教育，使之具备全面优良素质，掌握古今中外知识；给予历史机遇，既使其历尽艰辛，又获得发挥其智慧才能的机会。更重要的是，本人在大彻大悟之后，能奉献于民众、国家和全人类。（葛剑雄《二八年华正当时——庆贺周有光先生一百零八岁寿辰》）

而且葛剑雄还发现了一件有意思的事情：

在口述中，周有光只谈到一次曾与著名科学家爱因斯坦聊天，但据他所知，周有光和爱因斯坦聊了不止一次。"他曾告诉我，那时爱因斯坦觉得无聊，很愿意与人聊天，在首次见面后，他们又聊过几次。但周先生说，爱因斯坦是因为无聊才找自己去的，所以后面几次谈了什么早已忘了。"葛剑雄说，周有光绝不会因为爱因斯坦是世界名人，就会详细讲述无关紧要的内容。（路艳霞《周有光口述四十万字话沧桑》，《北京日报》，2015 年 1 月 13 日）

葛剑雄与周有光三十多年的交往细水长流，周有光一直都充满活力，好像并未变老。周有光的谦虚、亲和、豁达、有担当的品格深深地刻在我们的脑海中，正如葛剑雄所说，一颗存在了整整 111 年的赤诚的心依然搏动，一位睿智的老人还在为中国、为世界、为人类思考，周有光永远和我们在一起！

周有光先生的为学

郭龙生，1964 年生，河北邯郸人。教育部语言文字应用研究所研究员、社会语言学与媒体语言研究室主任；中国社会科学院研究生院教授，博士生导师；中国语文现代化学会秘书长，中国语言学会社会语言学分会（中国社会语言学会）副会长兼秘书长；全国人大常委会法工委立法用语规范咨询专家委员会委员，国务院法制办立法用语规范咨询专家委员会委员；外语中文译写规范部际联席会议专家委员会委员；第十届北京市督学。主要研究领域：应用语言学、社会语言学。研究方向：语言规划研究、媒体语言研究等。

交往录

郭龙生是周有光的学术助理，二人交往甚密，多年来郭龙生致力于辅助周有光学术事宜，对周有光的学术研究非常了解。直到周有光 2017 年 1 月 14 日在京仙逝，周有光告别会都由郭龙生在帮助协调组织。

郭龙生曾详细地总结过周有光的"为学"的一生：在"为学"方面，周有光是通才，在经济、拼音、文字、百科、信息、文化等方面都有贡献。

周有光 50 岁转行语言文字工作，以前的经济学给他提供了思路：周有光 1955 年由经济学转行做语言文字学研究之后，由上海来到北京，在中国文字改革委员会工作。他利用经济学方法研究语言文字学，变不利因素为有利条件,自然且顺理成章。如他利用统计学、经济学方法研究汉字,提出了具有较强经济学色彩的名词:"汉字效用递减率",并首先应用于教学用字的实践中,他还提出了"汉字声旁的有效表音率",这是现代汉字学非常重要的概念之一。(郭龙生《周有光先生的为学与为人》,《语文和语文现代化研究——周有光纪念文集》,浙江大学出版社2019年版)

周有光为《汉语拼音方案》的研制作出了不可磨灭的贡献。

1. 参与制订《汉语拼音方案》

20世纪50年代,中国文字改革的三大任务为"推广普通话、简化汉字、制订和推行《汉语拼音方案》"。中国文字改革委员会成立后,下设拼音方案委员会,推叶籁士、陆志韦、周有光起草《汉语拼音方案》草案。在研究了方案的原则与技术问题(包括字母形式、语音标准、音节拼写法、字母的具体安排等问题)之后,拟出最初的方案草案。周有光提出《汉语拼音方案》三原则:拉丁化、音素化、口语化,并进一步说明:它不是拼写汉字的方案,而是拼写汉语的方案;不是拼写文言的方案,而是拼写白话的方案;不是拼写方言的方案,而是拼写普通话的方案。方案经过三年的反复推敲才完成。1958年经全国人民代表大会通过公布。《汉语拼音方案》诞生之后,为新中国的文化教育和国民语文素质的普遍提高发挥了积极而重大的作用。1979年至1982年,周有光出席国际标准化组织讨论会,经多次会议上的努力游说、争取,最后,会员国以投票方式通过了《汉语拼音方案》为拼写汉语的国际标准。

2. 宣传推广《汉语拼音方案》

周有光不仅亲自参与制订《汉语拼音方案》,在方案的制订过程中贡献了自己的智慧与思想,而且还撰写文章、著书立说,大力宣传推广《汉语拼音方案》,并努力使《汉语拼音方案》的用途扩大到社会语言文字生活的各个方面。他在此方面先后出版的著作有《中国拼音文字研究》《拼音字母基础知识》《电报拼音化》《汉语手指字母论集》《汉字改革概论》《拼音化问题》《汉语拼音词汇》《汉语拼音方案基础知识》《汉语拼音文化津梁》等。《汉语手指字母》是与他人合作撰写的,其中周有光专门就汉语拼音在残障人士教育中的积极作用进行了阐述。在《汉字改革概论》一书中,第三至第五章分别讨论了"《汉语拼音方案》解说""汉语拼音的作用""汉语拼音正字法"等问题。周有光的著作,对于广大读者进一步了解《汉语拼音方案》、正确使用汉语拼音、让汉语拼音适应信息化的需要等都发挥了重要作用。

3.字母学的创建与研究

研制《汉语拼音方案》初期,为决定方案使用什么样的字母,周有光进行了有关字母的专门学术探讨。他还撰写了《字母的故事》一书,该书是中国第一本字母学方面的著作,影响比较大,受到了毛泽东主席的青睐,有的学者就是在这本书的影响下走上语言学研究道路的。在这本书的基础上,周有光与其他专家一起不仅科学地制订了《汉语拼音方案》,而且,他还继续深入研究字母的本质,并创立了字母学。他认为汉语拼音是个技术问题,其背后的学术则是字母学的理论。他先后又撰写了《世界字母简史》《世界文字发展史》《比较文字学初探》《字母学略说》等。《比较文字学初探》一书中,设专门章节论述了"字母学纲要";《世界文字发展史》一书中,第三和第四卷分上下论述了"字母文字",其中对字母的诞生以及不同字母系统的特点等,都进行了详细分析。《世界字母简史》是《字母的故事》一书在30多年后的改写版本,其中分上中下三卷,分别讨论了"字母的摇篮""音节和辅音字母""辅音和音素字母"等问题。他认为字母学就是研究字母的起源、传播、演变和应用的科学,对于语言文字研究和文化历史研究都具有十分重要的作用。《比较文字学初探》与《世界文字发展史》是周有光本人比较推崇的两本书,是周有光积数十年字母学研究成果的集大成著作,在周有光现有的著作中是学术水平最高的两本书。这是他的知识结构优势和他多年的学术积累所成就的。目前,尚无人在这个领域有新的更高的建树。(郭龙生《周有光先生的为学与为人》)

文字方面,周有光主张推行简化字,并创立了"现代汉字学"。

1.研究比较文字学与文字的发展规律

周有光精通英语、法语、日语和汉语,这使他的研究视野比一般人要宽广得多。在对文字发展规律的总结方面,他提出"三相"(符形相、语段相、表达相)分类法,将中国的"六书"(象形、形声、会意、指事、转注、假借)与国外文字的"三书"(意符、音符、定符)结合起来进行研究,对世界文字的发展历史进行了分类和分期等基础性和开创性的研究工作。此后,周有光还撰写了《人类文字浅说》一书。

2.研究汉字学并创立"现代汉字学"学科

周有光研究汉字,不仅仅局限于汉字本身。他往往能够跳出研究对象而从外部来观察,从而使自己对研究对象的认识更加全面、更加客观,也保证研究的结论更加科学。周有光认为,研究汉字学,应该将研究对象放在世界文字学这个总系统中来研究。他结合对世界文字历史分期的研究成果，提出了"历史汉字学""现代汉字学"和"广义汉字学"的概念。1980 年，他以收录进《新华字典》的字为依据，经过科学分类统计，把信息论引入古老的汉字研究领域，发表了论文《现代汉字学发凡》，首创了"现代汉字学"这个学科。

3.普及汉字与汉字简化工作，从事汉字与中国语文现代化研究

1958 年秋季，北京大学中文系邀请周有光讲授"汉字改革"课程。讲稿最后以《汉字改革概论》为名出版。该书先后被完整或部分地翻译成日语、德语、英语等，在国内外均产生了很大影响，被誉为系统论述"汉字改革"的开山之作。书中对当时国家重视的文字改革事业，从历史发展角度给以梳理，从学术理论角度给以提高。作为教材，该书影响了很多人，为汉字和汉字简化的普及工作发挥了积极的作用。此外，周有光在此方面还著有《语言文字的新探索》《语文风云》等。

中国的语文现代化问题很多，其中包括共同语的语音标准与词汇规范化问题；汉字的定形、定量、定音、定序问题；汉字的简化与繁化问题；词与非词的界限问题；多音字、同音词问题；汉字声旁的有效表音功能问题；汉语与汉字的内在规律问题等等。周有光用"语言的共同化、文体的口语化、文字的简便化、注音的字母化"这高度概括的"四化"就简明扼要地将中国语文现代化的内容表达清楚了。此外，他还认为，信息时代应在这"四化"基础上再增加"中文的电脑化"和"术语的国际化"两个方面的内容。周有光利用统计学知识，计算出了"汉字声旁的有效表音率"，提出了"汉字效用递减率"。周有光在此方面的著作包括《汉字声旁读音便查》《中国语文的时代演进》《中国语文的现代化》《中国语文纵横谈》等。

随着研究视野的不断拓展，研究兴趣的日益广泛，周有光对汉字的研究，常常结合对文化的研究来进行。他在这方面的论著主要有《汉字和文化问题》《百岁新稿》等。在这些著作中，周有光不仅分析了文字与文化的关系、文字的演变与文化发展之间的关系，也探讨了汉字与传统文化、汉字与现代文化的关系等重要问题。（郭龙生《周有光先生的为学与为人》）

同时周有光也与时俱进，当时力排众议，极力主张汉语拼音采用罗马字母，与现在的信息化时代接轨；并且时刻关注当今时事，虽然是百岁老人，但一点朽气也没有，充满活力。

1.力推汉语拼音在信息处理领域的应用

　　《汉语拼音方案》诞生后,经过 50 多年在教育、文化、科技、工业生产等社会生活诸多领域中的应用实践,其用途越来越广。作为《汉语拼音方案》主要创制人之一,周有光在制订和推行《汉语拼音方案》方面的功绩已载入史册。《汉语拼音方案》以其国际化、音素化的严密设计,使得不能准确表音的汉字有了科学的注音工具,更使扫除文盲,推广普通话,制定索引排序,进行工业产品编码,制定旗语、灯语、手语、盲文和少数民族文字等有了强有力的工具和凭借。《汉语拼音方案》诞生 20 多年之后成为用拉丁字母转写汉语的国际标准。特别是计算机应用普及以来,采用拉丁字母的《汉语拼音方案》在中文信息处理技术方面显示出极大的优越性,为汉字信息化、汉语国际化、普及普通话和国民经济发展作出了巨大贡献。可以说,进入信息化时代以来,计算机的广泛应用,为汉语拼音的应用提供了更广阔的用武之地。信息化时代,在电脑上如何输入汉字成为日本和中国共同遇到的瓶颈问题。通过对汉字在计算机中输入输出问题的研究,周有光认为,汉语拼音输入法不用编码,就可以输出汉字,方便快捷,值得大力推广。经过周有光的大力提倡,在他的思想指导下,使用汉语拼音输入汉字的方法越来越多,输入技术也越来越成熟。周有光曾经为日本夏普公司提供业务指导,使他们在所生产的产品中利用汉语拼音输入汉字获得成功。他们免费赠送给周有光一台他们公司所生产的中英文打字机。多年来,正是这种小巧的中英文打字机,成为周有光一直在使用的信息化书写工具。20 世纪 80 年代之后,周有光的所有著作都出自他书桌上那台便捷的书写工具——中英文电脑打字机。

　　2. 信息时代的"新潮老头儿"

　　人们称周有光"新潮",一是因为他有新潮的头脑和思想,二是因为他有新潮的行为和作品。他的头脑和思想的新潮比较突出地反映在他对新生事物的接受与运用上。社会上发生的什么大事情,他都能够以比较快的速度了解、消化并接受,许多新生事物比如"推特"(twitter),往往在很多上班族还不甚了了的时候,他已经很清楚了。对于社会上新的重大的文化现象,他都能第一时间了解到,并能够给出自己的评价意见。究其之所以能够在思想上永远保持头脑新潮的原因,就是他勤于学习的精神和习惯。他好学,所以一切新鲜的他都愿意去学习了解,从而常常能使自己在他人之前了解到一些人们还不太熟悉的东西,保持了自身思想永远鲜活、新潮的特点。

　　他的行为和作品的新潮,从他日常的行为习惯就可以看出来。周有光不仅头脑十分新潮,喝咖啡,看大片,时尚不落后于当代青年。周有光在大多数人还不知道电脑为何物时,就已经开始在电脑上写文章了。后来,他的儿子为他购买了一台计算机,因为怕伤害眼睛,他不太常用计算机,写作的任务主要还是由电脑打字机来完成。但是,现在人们常用的计算机的功能,周有光却经常会用到。他用电子邮件与远在美国的孙女联系,他甚至于2010年7月份以105岁的高龄在网上开了自己的博客,这有可能使他成为目前全世界最高龄的博客博主。他100岁之后通过电脑打字机撰写出了好几部作品。2010年年初,香港天地图书有限公司出版了周有光的《拾贝集——105岁老人的醒世警言》,世界图书出版公司北京分公司出版了其最新著作《朝闻道集》。

3. 秀才不出门,便知天下事

周有光是一位十分重视信息的人。当今社会处于知识爆炸的信息化时代,信息传输速度比以前快了不知道有多少倍。他认为在飞速发展的信息时代,"信息"如同吃饭穿衣一样重要,不可或缺,人们平时常说的"衣食住行"四个字,有必要在此基础上再加上一个"信"字。周有光对信息的了解、把握与掌控能力非常强,可谓"秀才不出门,能知天下事"。他的信息渠道,主要是报纸和朋友。亲朋好友给他送来国内外的各种图书杂志,他读《时代》周刊、《中国新闻周刊》等,接触世界上最新的信息。周有光读报极为认真,不光看,还要圈点勾画,从字里行间读出字面之后的信息来。

俗话说"主雅客来勤"。在周有光的小书房里,经常会有来自世界各地的朋友与周有光交流信息,联络感情。周有光身上好像有强大的吸引力,不论男女老少,大家都喜欢与他聊天,愿意听他讲话,告诉他大千世界里发生的各种各样的新鲜事儿,或者倾听他对现实生活热点问题的分析与看法。周有光儒雅大方,宽厚谦和,谈吐与见解中时时闪耀着青春的活力与睿智。他以敏锐的观察力和极强而深刻的分析能力使自己拥有他人无法比拟的人格魅力,这也促使他成为朋友资源广泛、信息渠道畅通的"超级秀才",使其拥有了他人所没有的"信息"人生。(郭龙生《周有光先生的为学与为人》)

周有光是有社会责任感与历史使命感的学者,他力求拼音与文化相结合,用拼音文字启蒙民智,推动文化发展。

1989年,周有光以83岁高龄离休之后,并没有停止自己的学习与思考,而是继续不断前行。他由最初从事的经济学研究转向20世纪50年代之后的语言文字学研究,后再次扩大研究视野,由单纯的语言文字研究升华为对整个人类文化发展规律的思考。用他自己的话说就是要走出"专业的深井",开始研究专业之外的有关文化和历史方面的大课题,开始自己对历史、时代、文化、人生的反思以及对民主与科学精神的追求。于是他的阅读范围更大了,更加广泛地涉猎一些世界历史、研究各地文化问题的书,其中更多的还是关于中国、苏联和美国问题的书。

　　周有光通过多年来关于字母学、文字学的研究发现,文字的特点决定于文化(包括宗教)的传播,而不决定于语言的特点。为此,他提出了"文字三相分类法"(符形、语段、表达),并将汉字的传播历史分为"学习、借用、仿造、创造"四个阶段。这方面的著作有《文化畅想曲》《现代文化的冲击波》《21世纪的华语和华文》《学思集——周有光文化论稿》等。(郭龙生《周有光先生的为学与为人》)

　　从郭龙生与周有光的交往中,我们可以看到周有光学术上制订汉语拼音方案与极力推行简化字的巨大价值,对构建和谐语言生活与提升国家软实力的现实意义。

郭龙生与周有光合影

一蓑烟雨任平生

李梅香，1976 年生，常州市侨办副主任。其专注于统战理论研究、统战文化和统战宣传工作。创作、编撰出版《百年毗陵唐氏》《百岁学人周有光》等著作。参与拍摄《毗陵唐氏》《李公朴》等。创办《常州统战》，主编杂志 50 余期，编辑文字 400 万字，主办《常州日报》"同舟新篇"专栏 100 期，在《人民政协报》等报刊媒体撰写发表文章百余篇，在全国、全省统一战线宣传会议交流工作经验。曾获优秀共产党员、十佳最美公务员、全国社团先进工作者、江苏省先进工作者、江苏省宣传思想工作先进等荣誉称号。

交往录

因为工作的缘故，从 2010 年到 2017 年，李梅香多次拜访、探望过周有光。2010 年在周有光家中，李梅香第一次见到了周有光，周有光和蔼可亲，聊家乡的美食、谈家乡的先贤。后来的六年中，李梅香都会在周有光生日那天为他祝寿，周有光敏捷的思维、高效的工作能力和独立自主的生活习惯也给她留下了深刻印象。李梅香说，应浙江大学胡志富先生之邀，今将这些年来亲见亲闻周有光的故事记录下来,以此怀念周有光,并提醒自己不要懒惰,不要停止对这个世界的思考,也希望能为学界研究周有光略添一些素材。

初 见

创作拍摄《毗陵唐氏》那年,我们几个常州人到北京采访。空余,常州电视台的刘宝提议:周有光先生是常州人,他是汉语拼音方案的主要研制人,他家离常州宾馆不远,我们去看看他,听听他对唐荆川的评价。我曾经在《常州日报》看过关于周先生的报道,印象最深刻的是报纸上大幅的婚纱照,那是他和夫人张允和女士为纪念结婚70周年拍摄的,很洋气,但是对周有光先生本人并不太了解。

也不知道怎么弄到地址的,那天上午,我们一点不费周折就扛着一堆摄像器材找到了朝阳门内大街的后拐棒胡同。这是一栋老旧的居民楼,是国家语委的宿舍,灰灰的,没有绿化,大伙儿边找门号边寻思着:这里也住着国家级的"活宝"。1门三楼是周老家,轻敲门,圆圆脸的大眼睛保姆应声出现在门口,我们自报家门"是常州的",她爽快地让我们进去。老先生正坐在进门左手小书房里,进门第一眼就看见他,一身白衫端坐在小书桌前看书,身材瘦小,见有来客,微笑着看过来,面色白皙红润,没有什么皱纹,明亮清澈的眼神透出慈爱,脑门光亮而宽阔,笑意中仅有的几颗牙露出来,十分可爱。

我们跟他招呼,他笑而不答,利索地拿出助听器,塞到耳朵里,哪知助听器恰巧没电了。他娴熟地取出纽扣电池,手指灵巧地打开助听器,理顺金属丝、放入电池,一边装电池一边笑着自言自语:"聋子真不好。"我们都被他逗乐了,真是第一次见到这么高寿的老顽童。

书房朝北,两扇老式推窗,室内光线柔和,一顶小矮柜一张双人布沙发两个简易书架,简陋的小课桌旁几把椅子,简朴清爽。我们一点都不拘束,围坐在小课桌前,像一群小学生围在老师跟前听讲,说到欢笑处,又像孩子承欢于长辈膝前听故事,非常自在、亲切。周老兴致很高,声音清朗爽脆,谈到任何一个话题他都自然地接上话头,并且总是精到的几句话就从现象娓娓直入本质。

记得那次我们聊得最多的还是家乡常州,说起常州萝卜干,他笑了:"萝卜干很好的,常州萝卜干北京有,现在日本萝卜干也销到北京了。"我们都十分惊奇,这位百岁老人从前是学经济搞金融的,常州小萝卜干世界大经济,真是见微知著,不出门而知天下。那天,刘宝请周老写字,周老随手拿起碳素笔,在刘宝笔记本上写下:常州萝卜干。

周老给我们介绍响蛋,大家也都是第一次听说响蛋,"响蛋营养很好的,有的人家不知道是响蛋,摇一摇,听到声音,以为是坏的,就扔了,可惜得很"。他略带江南吴地口音,言语中总带着笑声,一块白手绢一直放在手头,时不时擦擦嘴角,面如皓月清爽通透,像个活神仙。

我们很奇怪周老的眼睛怎么没有退化,不戴眼镜每天阅读大量的文字,周老又笑了,"我的眼睛患过白内障,做过手术,装了晶体,现代医疗科技大大提高了人的生活质量"。

我们要跟周老合影,保姆赶紧拿来眼镜,周老非常配合地戴上:"保姆让我拍照一定要戴眼镜,说我的眉毛少了,戴了眼镜拍好看。"

说到明代先贤唐荆川,周老用一句话表达了自己的看法:"中华文化中的人生价值,从来不以地位和财富来评定,而是凭借他的思想和行为、对国家民族的贡献,也就是孔子所说的立德、立功、立言。这是中国长期以来的传统。"走时,我们把一叠厚厚的《毗陵唐氏》文稿留给了周老。

第二天,我们想想意犹未尽,又去了周老家。谁知道一进门,保姆就欢喜起来,好像我们是从天上掉下来的,让她喜从天降。她急忙忙把我们让进屋子,"你们走后,爷爷很快就看完了那一沓文章,他说里面有几个地方有错误,到处找你们的电话,可是昨天你们来,因为是常州的,高兴得忘了把你们的姓名、电话号码记下来了"。

周老还是坐在小课桌前,几万字的文稿他不仅在短时间内看完了,作了勘误,并且将校勘的地方打印了下来。这很让我们惊奇,我们并未在他的书房里看到电脑。

周老从身后的小柜上拎过来一只灰白底色起绿花纹的缎面包裹,打开包裹结,露出一台黝黑乌亮的打字机,"这是1989年日本一家公司研究开发的,我帮助他们编制了用拼音将汉字输入的软件。研制成功后,他们就送一台打字机给我,我一直用这台打字机,很方便,但是这种打字机后来没有再生产推广,很可惜的"。周老演示给我们看,他熟练地在键盘上敲击,神情专注,打字机上有个长长窄窄的小屏幕,看到打印的内容,旋右边的开关,打印稿就徐徐从打字机中吐出来了,我们叹为观止。周老拎起灰绿缎面方巾的四个角,在打字机上打了两个结,我们伸手想帮他,他坚持自己来,起身拎着包裹转身放置到小柜上,看样子挺沉的,周老的力气还是挺大的,全无衰老颓弱之势。

当时周老在文稿上具体修改指正了哪几个地方我如今已经忘记,周老敏捷的思维、高效的工作能力和独立自主的生活习惯给我留下了深刻印象。回到常州后,我时常会想起他和他那间安静朴素的小书房,忙碌之余会让自己静下心来多看一些书,思考一些关于生命的问题。

那年是2010年,周有光先生105岁,我是第一次见到周老,第一次到他家中。那位保姆叫小徐,后来我多次到周老家中,见到了另一位叫小田的保姆,她们是姑嫂,悉心照顾周老晚年生活,我不止一次听周老说过:"我们就是一家三口。"

探　望

从北京回来后,我找了《朝闻道集》《今日花开又一年》等周老写的或者别人写周老的书来读,一本本书就像一台放映机,丰富曲折的人生经历、深邃科学的思想、渊博宽广的学识,我见过的周老与我正在深入了解的周老在我面前生动展开。今生有缘有幸走进周老的大千世界,实在是一件有意义有趣味的事情。

1月13日是周老的生日,从2012年开始,直到2017年周老离开这个世界,每年他生日,常州市委统战部的领导都会亲赴北京为周老祝寿,前后长达6年,统战部换了三任部长,一年也没有落下过。这6年,家乡常州为周老举办过学术研讨会,资助出版过15册的《周有光文集》,抢救性拍摄了8节电视纪录片《百岁学人周有光》,修缮了先生的故居,在故居内设立了周有光图书馆,常州大学将语言学院命名为周有光语言文化学院,设立了周有光基金,周老生病后维持生命的两种食物,一种是协和医院配制的消化液,一种就是常州不断寄来的黄金村软米粉。让我们倍感惊喜的是,《百岁学人周有光》纪录片播出后,109岁的周老找到了失联60多年的亲人,他弟弟周云樵的两个儿子专程到北京见到了自己的大伯。

其实我们从周老那里得到的更多,他的精神给予我们力量,他晚年对家乡的眷恋让人动容。许多知名学人来到常州,寻访周老故里,参加在常州举办的有关周老或者语言文字方面的活动,在某种意义上,周老以他的学养和人格魅力在晚年为推动家乡的文化发展作出了特殊贡献。

作为统战部的工作人员,我亲历了6次庆生、3次探病和1次带队拍摄周老的纪录片等,每次家乡人都精心给周老准备了家乡特产、烧好的常州菜、乱针绣、寿碗、红围巾等,最让我记忆深刻的是周老不经意间说的话,这些原汁原味的周老语言充满智慧与豁达的心性。

2012 年的 1 月 6 日,周老 107 岁生日前夕。常州市市长姚晓东先生、秘书长徐新民先生和统战部张跃部长专程赴京为先生祝寿,谈及常州对大运河遗产实施长效保护工程,周老说:"运河对于中国关系重要,因为中国河流都是东西向的,南北要通就是靠运河,中国的发达跟运河有密切关系,后来有了火车情况变了,所以运河经过常州,历史上是一个大事情啊。"

2013 年 1 月 6 日,见到周老,他先是打趣上帝把他给忘掉了,随即和大家谈到,"现在这个时代,手机改变世界,中国是个大国,中国人打手机一般是国内通信,小国家的人一打就打到国外去了,对小国家影响很大。整个世界都在改变,不得了,将来还要变"。

说起常州老家的名人,他称赞,"赵元任了不起。20 世纪 40 年代我在美国工作学习时,常常去看他,请教他问题。赵元任在美国教书,我的夫人上过他的课。中国语文现代化,是他开头的。赵元任的思想对我影响很大,我们设计拼音方案时主要参考了他的学术成果。后来我在北京大学上课,出版了一本《汉字改革概论》,赵元任看了以后,就从美国写信给我。可是碰到了'文化大革命',这封信我在四年后才收到"。

我们请他题字,提起笔来,他不好意思地笑了:"字都不会写了,人过了 100 岁就退化,自然的,我退化到小学生了,明天要进幼儿园了。"随后,认真写下"常州我的故乡""人文荟萃青果巷""同心文化"。每一幅字后面,他都郑重写下:周有光 时年 108 岁,并特意留的是 1 月 13 日,那是他的生日。

2013 年夏天,周老之子晓平因病手术,我们来 301 医院探望,晓平和我们谈起,"爸爸 100 岁以后我陪伴他的时间比较多,我感到他对常州充满感激,经常跟来客谈起常州,他不止一次跟我说,在常州度过了欢乐而难忘的童年,他的基本人格都是在常州形成的,在那里立下了一生的志向。他非常感谢常州中学给了他很深厚的中华文化和科学地观察世界的基础教育。他是快快乐乐地读完了中学,特别是读完中学后英文已经达到看、写、说和听四个方面较高的水平,他说这个很重要,使他一下子眼界就开阔了,能读的书增加了十倍百倍。凭着这个基础,爸爸考上了圣约翰大学,大学教育提升了他的科学和智慧水平,他受到的教育和研究方向预示着他的尊重人以致全人类的世界观"。

那次,我们出了医院就来到后拐棒胡同,给周老带来了一个小收音机,夏日炎炎,他穿着白色的套头汗衫,言语中很担心晓平的身体,对自己却十分乐观:"我们国家是五年一规划,我现在是一年一计划,看来活到109岁是没有问题了。"

2014年1月12日,在北京协和医院,109岁的周老是因肺部感染住院的,当时身体各项指标正常,我们在医院里给他祝寿,他告诉大家:"我已经基本痊愈,不久就可以出院回家了。"我们为周老播放了电视片《百岁学人周有光》的片花,周老看后,非常感谢摄制组的努力,他拱拱手:"对家乡千万个谢都不够。"随后,亲笔题写"了解过去,开创未来。历史进退,匹夫有责",以此寄语常州人民,并题写"常州广播电视台越办越好"。

2015年1月4日,在后拐棒胡同家中,大家向周老介绍了纪录片《百岁学人周有光》的同名书和位于青果巷周老故居的"周有光图书馆"。周老非常高兴,他不断拱手,谦虚地说:"谢谢你们,不敢当,中国有句古话叫'痴长',我是糊里糊涂活到110岁,身体还是很好的,脑筋还没有完全坏,只是记忆力差一点,手退化了,不能写字了,真是麻烦事情。"随后,周老为书稿题下五个大字:明天会更好!当说起1月6日即将成立的常州大学周有光语言文化学院,周老说:"英文不仅是英国的语言,是国际性的,不懂英文是不行的。"周老感谢家乡人来看他,"你们来一趟不容易,现在火车快了,高铁是个进步"。看到烹制好的几道家乡菜,周老动情地说:"我不是年纪太大,我一定要到常州去。"

两天后,周老受聘为当天成立的常州大学周有光语言文化学院终身名誉院长,他在北京家中寄语常州大学:"常州有大学我是很高兴的。我想可以试一试教授治学的方法。教授治学不可怕,可以成立教授委员会,它是权威的。我想这样子,这个大学发展得会快一点。提高学校声名有许多方法,其中一个方法就是不断请世界各国名人来演讲,蔡元培胡适办大学的时候用这个办法挺好的。他们用这些方法与外面多联络,不能关门办大学。我们学校内部要思想开放,这样学校的发展就快了。"

2015年4月28日,我们去协和医院看望周老,他面目清朗,神色安详,在医院走廊临窗的一角,他坐在轮椅上对我说了这样一番话:"人家问我,你当年回来是投奔共产党还是投奔新中国来了,我说我没有多想,只是想,中国解放了,有希望了,回来可以多做一些事。还有人问我,回来了后不后悔,我说没有什么后悔不后悔的,留在美国相对来说作用发挥是有限的。"我请他为常州大学的老师和学生讲几句话,他说:"要从世界看国家,不要从国家看世界。常州大学要好好办,可以办得很好。同样,中国可以发展得很好,因为中国目前的发展条件很好。"他笑得很开心,不断地向我们拱手致意,说自己身体很好,没有什么大毛病,只是还有点咳嗽。他说:"我非常想回到常州去,高铁很好,坐高铁回去没有问题。"

2015年周老的生命中发生了一件痛彻心扉的事情,他唯一的儿子晓平因病逝世,多年父子成兄弟,如同抽去生命的重要一部分,大家都瞒着他,他心里明镜似的,如常生活起居,然而夜半之时,保姆听到周老房内传来嘤嘤哀泣声。

2016年的第一天,我在微信上写下这样一段话:今天,我最不能忘记、最要祝福的是一位常州人,他成功跨过111岁的门槛,创造了新的纪录。上帝真的把他忘记了,他也作好了面向未来的所有准备。挚爱的亲人一个个离他而去,然而,即便整个世界丢下了他,他依然深爱着这个世界,并以百十一高龄思考着祖国、世界和人类的未来。

这年1月7日,市委书记阎立在张跃部长陪同下专程赴京看望周老,看到家乡来人,周老非常高兴,他谦虚而风趣地说:"111岁等于1岁,一事无成,很可惜的111岁。实在没有多少话讲,要少讲空话。"大家给周老戴上寓意吉祥福气的红围巾,当看到惟妙惟肖的家乡传统手工艺品剪纸作品,周老连连赞叹:"很好、很好!"

当谈到刚刚成立一周年的常州大学周有光语言文化学院时,周老寄语常州学子:"希望下一代比我们这一代更好,再下一代更更好。"

2016年3月7日,王成斌部长赴京看望周老,周老身体健康,思维敏捷,谈吐风趣,看到家乡来人,他非常高兴,笑着用拇指示意法表示欢迎、感谢和祝福。谈到今年是孙中山先生诞辰150周年,周老称赞:"孙中山了不起,他提出的三民主义很有道理,值得纪念。"聊到手机,周老笑了,手机普及,现在没有秘密了。新闻业发达,要瞒一件事几乎不可能。周老现在每天看报纸和电视新闻,他告诉大家,常看《纽约时报》,问及美国、俄罗斯、朝鲜等国家的有关问题,他都有十分精到的分析。谈及中国的青年一代,周老认为,"中国的青年人中明白人很多,他们都很有思想,非常了解国际形势"。当听到家乡人是坐了四五个小时的高铁从常州来到北京,他爽朗地说:"我希望能回去看看。"

当天,从国际形势谈到国内经济发展,并再一次说起响蛋、萝卜干,一蓑烟雨任平生,周老和大家谈笑风生,也带着我们俯仰古今、视通万里。

这一年周老已经很少写字，他欣然题写"常州人周有光"。这是我最后一次看到周老题字。

告　别

当 2017 年元旦到来的时候，看到朋友发来的周老近照，眼神空洞，我心中伤感，在给周老朋友的留言中写道：周老顽强地跨过 112 岁的门槛，他返璞归真了，回到了婴儿时代，不讲话，一直睡觉。我们只有祝福他，让他按自己内心的需要，自在地睡觉。112 年漫长而短暂的人生呐，他累了，他在慢慢回归。这个世界渐渐与他无关了。他的表情是如此超然于世外。令人感到心酸。

1 月 6 日，韩九云部长专程来到周老家中看望先生，得知周老年前生病住院，刚回到家中休养不久，现在极少讲话，基本上在睡觉，两位保姆日夜照顾他。

那天，知道家乡来人，周老强打精神坐了起来。我悄悄走进卧室，这是我第一次在周老的卧室看到周老，他坐在床沿边，白衬衫外面罩着烟灰的旧羊毛衫，衣领处塞着一块洁白的手帕，身后围着一圈被子，这是细心的保姆让他有个依靠。床很矮，我蹲下来，周老双目微闭，神色困倦，双手平放在大腿上，这是双写文章打字的书生的手，没有 112 岁老人的青筋突出，也不是嶙峋的枯瘦，以往来看他时，他这双白皙修长的手不是在握笔就是在打字，或是在翻动书卷，要不就是抓着白手绢擦擦眼角或嘴角，非常灵活，如今这双手如此平顺地摆放在腿上，不再能做任何事情。

我轻轻碰了碰他的手，他的手是无力的，我叫他："爷爷，爷爷。"他没有动，由于没有戴助听器，他也不讲话，微微睁开眼又闭上，似有一丝痛苦划过，我知道，他还是想睡觉。保姆小徐说，爷爷好几天不讲话了，一连两整天地睡觉。他的那双手让我有了不祥的预兆，可是，我多么希望经过一个冬季的养精蓄锐，在春暖花开的日子，他又能回到小书房的书桌前和朋友们谈笑风生。

后来，韩部长在周老家人的陪同下走进周老的卧室，在床边的小凳上坐下，跟他说："周老，我代表家乡人民看您来了。"见面不过几分钟时间，看到周老很虚弱，大家就轻轻退出了卧室。

在离开周家时，我最后看了一眼周老的小书房，书柜、相片、布沙发一如从前摆放着，只是书桌前的老人已经不在，书房如此安静、空荡荡的。

这是我最后一次见到周老。

7天后是周老的生日,我和许多家乡的朋友在青果巷旧居参加周有光基金发放和捐赠仪式。1月14日中午,这是平常的一个周六,毫无征兆,我在图书馆平静地借书,突然接到无数电话和微信:周老已于当日凌晨三点多远行了。

他走得波澜不惊,像他生前所言"死亡就是一秒钟的事情"。他选在过完生日的那个黎明,在孕育新生命的冬日,回到自然的怀抱。

他走了,他的思想之光却照亮了现实的世界。

回想起这7年来的点点滴滴,想起与周老交谈时的美好时光,恍若他就坐在对面,就在他那间9平方米的温暖书房里,正眯眼微笑着。

转眼周老离开这个世界已经5年有余,每年元旦,我都会想到,又是新的一年,再过13天,就是周老的生日了。这些年世界发生了前所未有的巨大变化,无论现实如何不易,如周老希望的那样:明天会更好,他的希望正是人类的希望。

(该文系李梅香本人供稿)

与时俱进　终身学习

李锐,1917 年生,2019 年 2 月 16 日逝世,湖南岳阳人。1936 年春参加革命工作,大学文化。1937 年 5 月加入中国共产党。毛泽东研究专家,著有《恰同学少年:毛泽东早年读书生活》《毛泽东:峥嵘岁月(1893—1923)》等书。

交往录

2010 年 8 月,李锐朋友送给他周有光给温家宝总理的一封关于青少年教育的信,李锐被这位 104 岁老人的精神所感动,马上遵嘱代转,并让朋友表达自己对周有光的敬意。9 月 25 日,不顾李锐的劝阻,周有光在儿子周晓平(75 岁的著名气象专家)和蒋彦永教授的陪同下,硬是坐轮椅来到李锐家,畅谈了一个多小时,使李锐受教匪浅。

周有光老当益壮,85 岁以后仍然与时俱进,保持思考,关心国家与社会,认为东方文化分为三大文化区,与西方文化相互交流,产生国际现代文化。

周有光出版的著作有三十多种,有的已被译成外文。一百岁后还能一年出两本书,真是令人敬佩不已。记得去年一月,在《炎黄春秋》的茶话会上,邵燕祥曾建议向周有光约稿。周有光比我长 11 岁,思维依然极其敏捷,他说他是 85 岁以后,才着重研究世界历史和世界文化的。这真是与时俱进了。他现在每天用电脑上网并写作(我却是一个电脑盲)。去年底,我收到周有光寄来的《朝闻道集》,夹条封面上具名:"周有光先生在一百零五岁之前对世界的观察与思考";封底有三句话:"朝闻道,夕死可矣。壮心在,老骥千里。忧天下,仁人奋起。"书中包括周有光在语言、经济、文化各领域的真知灼见,总体上偏重于对世界历史与文化的思考,特别将中国文化放在世界历史的长河中进行纵横比较,阐明东西方文化中的优劣长短。他不同意季羡林的"河东河西论",也不赞同将文化简单分为"东西"两种。目前流行的称谓东方文化应分为三大文化区,即以中国为中心的东亚文化,以印度为中心的南亚文化,以伊斯兰教为中心的西亚文化。这种文化之间区别很大,不相统属;不像西方文化,发端于欧洲,兴盛于美国,随着资本主义的发展,成为国际文化的主流。"东西这四种文化相互交流,产生了个国际现代文化,不分国家的,整个人类的,大家都公认的。"由于世界金融危机的爆发,季羡林先生提出的"三十年河东,三十年河西"大行其道,不少人认为随着美国经济的衰退,西方文明已经走下坡路,中国的崛起象征着东方文化将取而代之,成为世界发展的主导。周有光则有不同看法,他认为,第二次世界大战以后,世界发展的确出现了小国崛起、大国衰落这一现象,但美国却是一个例外,由于掌握了先进的科学技术,美国仍旧推动着世界经济的发展,特别是经济全球化。在《资本主义的发展阶段》《全球化巡礼》《两大文明古国的经济起飞》等文章中,周有光阐述了这一思想:人类历史是不断的聚合运动。城邦聚合成国家,国家聚合成多国联盟,多国联盟聚合成世界组织"联合国"(UN)。城乡贸易聚合成全国贸易,一国贸易聚合成地区多国贸易,地区多国贸易聚合成多国文化圈,多国文化圈聚合成人类"共创、共有、共享"的国际现代文化。全球化是人类聚合运动的新阶段。周有光认为,人类各方面的发展,聚合是与时俱进的。谈话中他认为:"现在形成一种国际现代文化,不是国家的,哪一个国家的。现在这个文化有两个层次,一个是大家共同的文化,一个是传统文化,后者是各个国家不一样的。我们每个国家都在共同的现代文化当中生活,同时保留了本地的传统文化当中有效的成分。所以现代人在双层次文化中生活,当代文化同古代是不一样的。这个现象已经开始了,现在越来越感觉到了,说不清楚了。趋同文化快得不得了,一个地方搞一个东西,其他地方都学习了。"周有光谈到自己这样的经历:"我到医院去看病,等医生,等拿药,我看来看去,没有一个人手里不拿手机的,手机跟人分不开了,这是过去不能想象的事情。还有宽带(网),你不许人家发表文章,人家在网上发表,网上你可以控制,但现在有个新花样叫推特(我不懂这个名词,周晓平插话说:没有中文翻译,就是短的博客,传输信息的力量很大）。"周有光接着说："是一个微型博客。可以有一种好的印象和另外一种印象相互沟通，每个国家的透明性增加了。所以，人家问我对中国前途什么看法，我说我一向是个乐观主义者，我认为中国的前途跟世界前途一样，因为整个世界在进步，中国不可能不进步。"（李锐《向周有光老人学习》，《炎黄春秋》，2010 年第 4 期）

周有光一生取得了诸多成就，青年时期就已是一位卓有成就的经济学家和金融家，中年时期从事文字改革工作，对汉语拼音方案的制定起到了不可替代的作用，进而对现在的网络交流产生巨大的影响。

周有光是具有国际影响的老一辈学者。他生于 1906 年，1927 年登上大学讲座时，我小学还没有毕业。20 世纪 30 年代，他已经是一位有成就的经济学家和金融家。他曾在上海参与"七君子"的救亡活动。1949 年，他从美国归来，参加新中国建设，担任复旦大学经济学教授。1955 年，被改行从事文字改革工作。周有光一生学术贡献很多，尤其是参加《汉语拼音方案》的制定。有人统计，中国用手机发短信使用拼音输入法的占 97％，操作电脑使用各类拼音录入法的占 50％以上。关于手机对世界的影响，谈话中周有光是这样评价的："手机几乎是万能的，可以看电视，可以看新闻，可以看书，可以谈话并看到对方的脸。手机将人融合在一起，集合信息化的大成，将来还会有大的变化。"（李锐《向周有光老人学习》，《炎黄春秋》，2010 年第 4 期）

周有光博学多识，曾编审《简明不列颠百科全书》，并且是一位讲真话的大家。

周有光是《简明不列颠百科全书》的中方三编审之一，故有"周百科"的美名。他还是该书日文版的国际学术顾问。令周有光遗憾的是，中文版出版近 30 年，卖了还不到 20 万部，而日文版刚出版就卖掉 70 万部。……

本书的出版后记名曰《一本讲真话的书》。周有光曾对记者说："我向来不刻意说要讲真话，因为我从不讲假话。讲真话对我来说不是一个问题。我不会说自己不相信的话，自己相信的话当然是真话。"真话虽然不一定是真理，但真话一定是真理的前提。……改革开放使我们有机会向真理靠近，但问题还在要彻底解决这三个垄断，我们才能真正成为现代化国家。周有光前辈以 104 岁的高龄发表新论，创造了跨世纪的传奇。（李锐《向周有光老人学习》，《炎黄春秋》，2010 年第 4 期）

李锐与周有光交往不多，仅此一面之缘，但二人的真切交流，使得李锐获益良多，他说："希望所有求知的人都能读一读《简明不列颠百科全书》这本书，同时我还期待着周有光有新作问世。"

从世界看中国的现代学者

李宇明,1955 年生,河南泌阳人,北京语言大学二级教授。1993 年破格晋升教授。1994 年享受国务院政府特殊津贴,1997 年获全国"五一劳动奖章",2013 年获香港理工大学"杰出中国访问学人"荣誉称号。2015 年入选"北京榜样"。现为中国辞书学会会长,中国语言学会语言政策与规划专业委员会会长,中国中文信息学会副理事长,天津市应急外语服务研究院名誉院长,《语言战略研究》主编。曾任国家语委副主任,教育部语言文字信息管理司司长,北京语言大学党委书记,华中师范大学副校长,国际中国语言学会(2016—2017 年)会长。主要研究领域为理论语言学、语法学、心理语言学和语言规划学。出版《儿童语言的发展》、《汉语量范畴研究》、《语法研究录》、《中国语言规划论》、《中国语言规划续论》、《中国语言规划三论》、*Language Planning in China*、《当代中国语言学研究》(主编)、《语言学习与教育》、《李宇明语言传播与规划文集》、《人生初年——一名中国女孩的语言日志》、《新时期语言文字规范化问题研究》(主编)等著作30 余部,发表论文 600 余篇。

交往录

　　李宇明与周有光相交十余年,2013 年 1 月 13 日,他与崔希亮一同去周有光家中拜望周老,向周老 108 岁生日表示祝贺。周老对他们的到来表示非常欢迎,并题字:"把北语办成世界一流的语言大学!"

　　李宇明与周有光相交十多年,每逢周有光生日前后,都会去拜望他老人家,听他谈天说地,听他赤子般的笑声,也希望沾点瑞气。

　　据李宇明介绍,周有光思想与时俱进,一直用机器处理文字,时刻关注信息化问题。

　　先生早年治经济学。50 岁后开始专门从事语言文字研究,是中国语言规划的理论家和实践者。他把近百年的中国语言生活,概括为"中国语文现代化",总结出了语言规划领域具有普遍意义的规律:语言的共同化,文体的口语化,文字的简便化,注音的字母化,术语的国际化。这一概括如此精准,与他历经沧桑、见多识广相关,更与他心随时与时俱进相关。他是一直使用机器处理文字的长者,百岁之后还关注信息化问题。一次先生曾对我说,过去只有"衣食住",交通发展起来了,又说成"衣食住行",而今是信息化时代,应当是"衣食住行信"。(李宇明《有光的一生》,《光明日报》,2017 年 1 月 15 日)

　　周有光年轻时就对世界各国字母感兴趣,后来开创了中国的比较文字学,将汉字放在世界文字进程中去研究,周有光一直说"从世界看中国",他也是这么做的。

　　他开创了中国的比较文字学,把人类文字发展分为三个时期:尚未成熟的形意文字,已经成熟的意音文字,分析语音的表音文字。并由此确定了汉字在人类文字史上的地位,解释了汉字的发展演变规律,特别是解释了汉字简化现象。周先生多次告诉我,不要只从中国看中国,也不要只从中国看世界,要从世界看中国。我现在忽然明白,他的比较文字学,不就是"从世界看中国"吗?(李宇明《有光的一生》,《光明日报》,2017 年 1 月 15 日)

　　周有光非常谦虚,不乐意接受"汉语拼音之父"这个称号,但是他是主要设计者,在信息化网络时代,周有光的汉语拼音为我们与世界的交流提供了极大的便利。

　　周有光先生不喜欢人们称他是"汉语拼音之父"。他是汉语拼音方案的主要设计者,并推进汉语拼音方案在诸多领域的运用,推进汉语拼音方案成为国际标准。如果不带偏见,人们都承认汉语拼音方案对于推广普通话、扫除文盲发挥了重大作用,汉语拼音方案也是盲文、聋人手语、灯语、旗语等的设计基础,是中国与世界信息交流的重要凭借,是中文信息化的重要保障。

试想,若无汉语拼音方案,我们如何便捷地为汉字注音?如何拼写汉语?如何出入海关?如何与计算机交换信息?如何使用智能手机?一位学者,用智慧改善了国人的语言生活,方便了中国与世界交流,促进了国家的信息化,其功可谓如山高。

周有光先生是人民的语言文字学家,周身是光,一生有光!使用汉语拼音方案的人,使用汉语拼音方案的民族,当永远感谢他,永远怀念他!(李宇明《有光的一生》,《光明日报》,2017 年 1 月 15 日)

2013 年 1 月 13 日,在周有光先生家,李宇明代表北京语言大学师生祝贺周有光先生生日

从李宇明与周有光十多年的交往中，能看出周有光是一个对于儒家文化十分自信，坚信正确运用即可使国家强大的人，是一个"从世界看中国"的人。

理性思考的百岁老人

李泽厚,1930 年生,2021 年 11 月 2 日逝世,湖南宁乡人,著名哲学家。中国社会科学院哲学研究所研究员、巴黎国际哲学院院士、美国科罗拉多学院荣誉人文学博士,德国图宾根大学、美国密歇根大学、威斯康星大学等多所大学客座教授,主要从事中国近代思想史和哲学、美学研究。

交往录

2012 年 9 月,李泽厚专程去拜望周有光,与周有光进行了一次关于健康的对话,涉及健康之道,也涉及社会大事。周有光幽默风趣,拜访的人很多,他都表示欢迎,他说因为他现在没有事情,是无业游民。

周有光谦虚和善,表示对李泽厚非常景仰,认为李泽厚的书深奥了不起,自己的肤浅;李泽厚则表示周有光是个奇迹。

谈到现代科技进步,周有光表示崇尚科学,自己的晶体眼睛比真眼睛都好使,还换了助听器,正是科学让他能够继续阅读写作思考,也是现代的进步推广了拼音的使用。

一个人过了 100 岁就自然退化,耳朵聋了,就要装助听器,这是新式助听器,老式的不行,听不清。眼睛瞎了,换了两个晶体,中国从美国引进人工晶体,他们说我比毛泽东幸福,毛泽东那时候就没有这个,我们是第一批。当初我本来不知道这个新技术,后来学这个美国新技术的医生是我朋友的女儿,所以我最早就知道了这个技术,在同仁医院做的手术,做得很好,科学是真了不起。现在我看对面房间里的树都看得很清楚。以前真眼睛都没这个假的好。不然我耳聋目盲。科学是了不起的,现在就是靠科学。(李泽厚《与周有光关于健康的对话》,《晚霞》,2015 年 2 月 20 日)

周有光淡泊名利,不愿搬新房子,说自己的天下小得不得了,一间破屋子,但是能知天下事。

有人问我愿意不愿意搬家,搬好的房子。我不搬了,新房子是好,但太远,这里方便。我年纪大了,住老房子没关系。我说我不在乎破房子,我人都破了。

周老经历过大灾大难,但都死里逃生。想必应了那句话"大难不死必有后福"。

抗日战争是生死攸关,日本人一个炸弹炸在我旁边,把我人炸到阴沟里去了,我旁边的人都死了,我没有死。后来人家问我为什么没有死,我其实是掉到阴沟里去了,那是个壕沟啊,有人说我命大。(李泽厚《与周有光关于健康的对话》,《晚霞》,2015 年 2 月 20 日)

周有光虽然高龄,但是与时俱进,对社会大事非常关注,并且有自己深邃的思考。

有人说现在越南在改革,老挝就可能会跟上来,假如它们都走资本主义道路,那就剩 3 个国家是社会主义国家了。古巴的情形不是像我们宣扬的那么好啊,《新京报》上有两篇文章大家都不注意,我没事情所以关注了,两篇文章都讲古巴的情况很不好。

我是乐观主义者,我认为是一定会进步的。中国只要有好的政策,中国就有希望。社会发展只有一条轨道,你跑出这条轨道了,还得重新跑到这条轨道上去,只是时间问题。所以我是乐观的。(李泽厚《与周有光关于健康的对话》,《晚霞》,2015 年 2 月 20 日)

李泽厚对周有光敬佩不已,有以下评论:

现在百岁高龄者不乏其人,但像周有光先生生命力如此旺盛,思想如此敏捷,恐怕是硕果仅存了。年事这么高了,还有这样旺盛的思想活力,还对世界、中国、人生具有这么高的热情与关怀,还在不断接受东西方的各种新信息,而且还能作明快的判断,实在令人钦佩。

周老不为潮流而动,对任何尖锐的问题都保持清醒的头脑和独立的思想,尤其不简单。中国学界太多情绪,但情绪不是学问,不是真理,情绪没有价值。而周老的言论不带情绪,只有对历史负责的深邃思考。例如对于传统,极端者要么把传统踩入地下,要么捧上天空,现在的国学热就是把传统捧上天,但周老不为国学热所动,他提醒说,这不是进步的表现。对于民主也是如此,要么颂扬专制,要么鼓吹激进民主,独有周老既坚持民主,又提醒不能急,这便是理性。(李泽厚《李泽厚贺文》,《有光一生,一生有光——庆祝周有光先生茶寿文集》,金钥匙华文出版社2014年版)

从李泽厚与周有光的交往中,能看出周有光的乐观幽默、崇尚科学理性、对中国发展充满希望。

周有光的世界眼光、科学理念

刘丹青，1958 年生，江苏无锡人。2000 年香港城市大学语言学博士，中国社会科学院语言研究所研究员、原所长，中国社会科学院大学特聘教授、博士生导师，《中国语文》主编。并任全国汉语方言学会会长，国家语言文字工作委员会委员，国家语言文字工作委员会审音委员会委员，新时期审音课题组主持人，《中国大百科全书》（第三版）

语言文字卷主编，曾任中央电视台中国汉字听写大会裁判长。浙江大学周有光语言文字学研究中心特聘研究员。主要研究领域为语言类型学、汉语语法学、汉语方言学、理论语言学及应用语言学。

交往录

刘丹青与周有光的交往在 2012 年 1 月 4 日，也是在语言学沙龙之后，周有光生日前夕，周洪波、胡建华和刘丹青三人登门求字，周有光欣然为书院题名。

在浙江大学周有光语言文字学研究中心正式成立之际，刘丹青认为世纪人瑞周有光是我国著名的语言文字学家，尤其是现代汉字的理论研究和应用研究的学界领袖。周有光是《汉语拼音方案》的主要研制人，在创制和推广《汉语拼音方案》方面做出了重要贡献。

刘丹青认为《汉语拼音方案》的制定不是一蹴而就的,制定过程崎岖坎坷,从中也能看到周有光的全球观思想。

自中国文字阅读改革兴起以来的百余年中,拼写汉语的各种提案层出不穷,不下千百。而汉语拼音的历史进程却定格在了以周有光领衔创制的《汉语拼音方案》上。此方案一出,从此在国内又一尊获得人大通过的法定地位,成为亿万国人使用的唯一拼音系统。随后作为最广泛使用的拼音输入法的基础,在电脑化、网络化的信息化大潮中推波助澜,展示巨大能量。更在国际上取代了所有通行的,中西人士设计的汉语拼音方案。成为得到国际学术界、出版界广泛采用的唯一拼音形式,得到联合国和国际标准化组织的认可,也是境外华人群体都普遍采用的汉语拼音系统。《汉语拼音方案》在国内外的成功推行,不但有我国国力的助威,也是该方案包容科学性、合理性的成功。没有这后一点,很难设想能这么快获得国外学界和民间的普遍认同。

《汉语拼音方案》的成功不是一个偶然事件,它在很大程度上正是周有光语言文字学术理念造就的成功。在回顾《汉语拼音方案》的成功的同时,我们更应加深学习了解周有光的学术思想和理念。在传承的基础上发展,推动中国语言文字学百尺竿头,再上一层楼。

以个人之见,周有光语言文字学思想的核心是以世界的眼光看待分析中国的语言文字,以科学的理念去解决语言文字应用中的实际问题,找出符合国情的解决方案。语言文字都是富有民族特色的文化现象,也跟民族的历史有密切关系。但是对语言文字的研究也像研究一切人文社会现象一样,有内外两个视角。如果我们把自己永久关在一个房间里,我们确实可以看清、看遍房内的每一细节,但仍然难以避免盲人摸象之弊,永远无法清楚了解房子的样式,与周围其他物件和其他房子的关系和异同,也就无从谈论该房子的特点和完整功能。语言文字虽然有很强的民族性,但是仍然脱不了人类语言文字的共性和共同发展规律。只有内外视角并重,依托人类语言文字的共性和规律为背景,才能通过深入研究来透彻了解本民族语言文字的真正特点和规律。从而制定出符合科学规律和实际需要的语言文字应用策略。

周有光的拼音方案和现代汉字学理论之所以胜人一筹,境界更高,眼界更远,就因为他是在通晓世界文字的过去和今天的基础上,来观察和研究中国的语言文字。研究每一个问题都不忘世界的眼光和科学的理念。这种眼光和理念不仅是制定《汉语拼音方案》和研究现代汉字学之需，也是研究语言文字学各个领域之需。（据浙江大学周有光语言文字学研究中心成立仪式暨语文现代化高峰论坛的发言稿整理）

刘丹青与周有光的交往更能体现出周有光思想里的全局观、整体观。人类语言文字有共性和共同发展规律，周有光学贯中西，对其他语言文字的历史发展也有研究，所以他才能站在更高角度上思考问题，坚持采用拉丁字母制定《汉语拼音方案》。

宁静的理性之光

罗卫东,1963 年生,浙江淳安人,民盟盟员,中国人民政治协商会议第十三、十四届全国委员会委员,1982 年 8 月参加工作,杭州大学经济系本科、硕士研究生,浙江大学人文学院外国哲学专业博士研究生,教授、博士生导师。现任浙大城市学院校长、民盟浙江省委副主委,曾任浙江大学副校长、浙江大学社会科学研究院院长、浙江大学光华法学院院长、杭州发展研究会第三届理事会会长、浙江大学教育基金会第三届理事会副理事长、浙江大学校友总会第五届理事会常务副会长。

交往录

罗卫东与周有光的交往缘于罗卫东对名人史料抢救性保护的高度重视和对周有光为国奉献的崇拜,也因叶芳校友的引荐,为更好地典藏周有光史料并传承发扬周有光学术思想,还专门策划成立了浙江大学周有光语言文字学研究中心。2013 年以来,罗卫东多次前往北京朝阳区的周家拜望周有光。2016 年去周家拜望周有光有特别之处,这次他们向周有光汇报了浙江大学周有光语言文字学研究中心的工作。

海德格尔说:"语言是人类社会存在的家园,离开语言我们就没有家园。"罗卫东表示希望这个中心按照叶芳转达的周有光的意见和指示,建成一个有核心内容,有外围内容,也有延伸内容的这样一个研究的平台或基地,希望中心将来在人才培养方面能发挥作用。罗卫东每次见周有光都向他请教关于经济、语言、文明规律(趋势)的问题,这些问题都是他长期观察、思考和写作的主题。罗卫东说:"他的见解如此清晰和简单,超越了时下无数糊涂同胞的头脑。"接下来让我们看看罗卫东与周有光的交往轶事。

罗卫东曾回忆过周有光与浙江大学的渊源:

浙江大学和周有光之间的渊源,第一个渊源是杭州是周有光和夫人张允和女士感情的发源地,当年张允和在之江大学读书,周有光在杭州一边工作一边追求张女士,那段感情给他们留下了深刻而美好的记忆,所以他对杭州有一种发自内心的、似乎是感情上第二故乡的这样一种感觉。有这样一段历史佳话,周有光和杭州、和浙大的感情就自然而然拉近了。我两次去周有光家里,都曾约请晓平老师在他身体允许的情况下一定到之江校区实地来看一看,现在那里的情人桥等谈恋爱的地方还都在,应该循着父辈的脚步再去感受一番,体验一番,并且将感受带回北京报告给周有光。这个校区现在是越来越美了,它是中国近代大学建筑的一个博物馆,是全国重点文物保护单位。这么好的校区让晓平老师回来再体验一番,他很爽快地答应了,但是太遗憾太惋惜,他再也不可能实现这一夙愿了。记得我第二次到周有光家里,当时晓平老师气色还特别好,谁知我们离开后十天他就过世了,这是始料未及的。虽然最后结局没有成行,但是我相信他们的心,周有光的一部分也留在了当年的之江大学。第二个渊源是校友叶芳女士的牵线搭桥和热心张罗浙江大学周有光语言文字研究中心,2013年以来,我和几位同事先后多次到位于朝阳区的周家,拜见先生,每次的时间大抵都会安排在他生日前几天,既可以算是专程为他祝寿,也减轻生日那天过多访客给老人造成的身心负担。每一次去,也都会和他商量一些事情,比如在浙江大学建立周有光档案资料专项收藏,成立周有光国际语言文字研究中心,出版他及张允和女士的书稿等等。(据浙江大学周有光语言文字学研究中心成立仪式暨语文现代化高峰论坛的发言稿整理)

正是这些渊源使罗卫东对周有光语言文字学研究中心这样一个纽带、这样一个平台、这样一个基地往前发展抱有信心。

罗卫东回忆起见到周有光的细节:

今年以前,每次见老人,都是在他自己的书房里。那时候的他,就像一个听话的乖宝宝,温顺地听从家人和保姆的安排。坐在沙发上,眼神一派慈祥,对每一个和他打招呼的人微笑。爱干净的老人,不时地用拿在手上的白手绢擦拭自己的嘴角。

由于他的听力衰退得厉害，即便是戴上助听器，说话者仍需加大嗓门，有时候还需挨着坐在他身边的家人和保姆凑近他的耳朵，大声转告说话的内容。儿子周晓平在世的时候，主要由他来充当访客与周有光之间谈话的"翻译者"和"扬声器"，2015年初，晓平老师不幸突然去世以后，这类角色就由孙女周和庆或者保姆来充当了。老人回答大家的问题，就像他的文字一样简洁而通白，只是比文字多了一种超脱于自我而又巧妙自嘲的幽默感。罗卫东感佩于周有光调适身心的能力，以及通达的人生态度，"他也很悲痛过，但有惊人的自制力，能把人生意义看得非常通透"。他性情温和，似乎永远都是一副气定神闲、看淡一切的神态。（据浙江大学周有光语言文字学研究中心成立仪式暨语文现代化高峰论坛的发言稿整理）

2016年，罗卫东一行人专程去北京给周有光祝寿。他穿着新衣服，在客厅里等了我们将近一个小时。因为火车晚点和堵车，原先跟周有光约好的3点半，变成了4点半。不过，虽然我们很难为情，周有光却非但不恼，还很高兴。他说："平时我都在卧室里，难得出来坐坐。见到老朋友我很开心。"浙大周有光语言文字研究中心主任王云路，向他汇报了中心的工作。周有光竖起了大拇指表示赞赏，还说"浙大是座好学校"。他精神很好，就是听力不太好，所以交流起来略微吃力，我们说话的声音要大一点。我的感觉，是每次见到他，都有如沐春风的感觉，一点架子都没有。

周有光的外甥女毛晓园回忆，去年1月22日，他儿子去世后，周有光就住院了，几次收到病危通知书。6月以后慢慢恢复了不少，有时三更半夜还是会哭。9月时，他告诉我们，"风暴已经过去，我挺过来了"。毛晓园说，这一年，周有光的饮食主要是营养液和鸡蛋羹，不复往日大啖烤鸭和葱焖海参的"豪气"，人清瘦不少。精神时好时坏，两个保姆日夜守护着他，身体状况已无法坚持看书做学问，但老人依然会看新闻，看到巴黎发生恐怖袭击，他便打电话"召唤"相熟的编辑张森根、叶芳来聊天。最近还饶有兴趣地看看《大秧歌》《芈月传》等电视剧。毛晓园说，100岁以前，周有光数次提起到100岁就安乐死，现在不说了。此前，周有光曾对前来北京看望他的老家人幽默地说："111岁等于1岁，一事无成，很可惜的111岁。实在没有多少话讲，要少讲空话。"（王湛、陈瑜思《周有光想与这个世界谈谈》，《钱江晚报》，2016年1月14日）

我们古人对一个人的评价从"德识才学"这四个方面来进行评价，我觉得周有光他不是一般的德，他是"大德"：有广阔的"悲悯心"，对人类整体命运有关切。这个关切不是对一个阶级、一个政党，或者一个社区、一个地域、一个民族抑或一种信仰，他是非常超越的，他是爱一切的人，爱人的一切，是基于人性而不是某种意识形态而生发出来的原初的感情，是超越具体的人的社会属性的。这点非常难做到。我们分明从他的书里感受到这样一种"大德"。第二，周有光的见识是"卓识"，所以总能够抓住问题的根本，一下子命中要害。就像他的文章一样，没有很多赘语，讲得都非常干练，但是非常到位，常常会有一种穿透扑朔迷离的表象而直抵问题关键的力量。这种力量不仅来自他那种贯穿一生的改良社会、推动进步的强烈情怀，也来自惊人的博学和丰富的阅历酿造出来的远见卓识，他那清楚明白的话语方式则让他的观点和思想的传播如虎添翼。这个没有卓越的判断力和见识是做不到的。第三，周有光的"才"是"通才"，他哪个方面都能和你讲，而且讲得还非常专业。这是他整个阅读面融会贯通的部分，所以他是个通才。第四，"学"他是"博学"，他就是一个"周百科"，是百科全书。他家里藏书不是为了藏书，而是为了吸取知识。所以我觉得"德识才学"这四个方面都是值得我们深入地加以研究和探讨的，因为它是一种罕见的现象。（据浙江大学周有光语言文字学研究中心成立仪式暨语文现代化高峰论坛的发言稿整理）

周有光50岁以前是经济学家，50岁之后致力于语言文字学，两个风马牛不相及的学科，两种完全不同身份的转换，周有光凭借他理性的思考能力完成了这次蜕变。

周有光的卓识是建立在科学分析和理性思考的基础之上的，这一点在他将经济学的思维方式运用于语言文字演化趋势的考察和推演方面，表现得很是突出。将语言交流类比为市场交换，在西方的经济学界是近年来才兴起的话题；而周有光半个多世纪以前就自觉地将两者相互参照来考察语言变迁的规律，推测语言发展的趋势，并且把经济学的效率观作为判断和指导语言文字改革如何推进的重要依据。

在我和他几次讨论汉字简化以及《汉语拼音方案》取舍问题时，他都反复强调认知成本、教育成本等的概念。是否能够有效降低知识成本、加快文化普及、迅速提升国民素质等，这是他自己判断语言文字改革成败得失的基本依据。具备了这样的立意和判据，就使他不再过分纠结于语文拼音改革方案的某些细节，而是重点思考怎样做才能切实地服务于解决主要矛盾和矛盾主要方面这个大局。

　　我们现在叫语言经济学的,是一门很重要的新兴学科,它讨论作为互相交换的信息的语言。语言总是在互相交换的,你说过来我回过去形成一种均衡,这种均衡是有其规律的。语言最终稳定下来是大家彼此讨价还价的结果,稳定的语言就是一个有着均衡价值的商品。语言总是自我演化,不断进化,它符合许多经济学理论中"节省"的道理。周有光为什么能够在文字改革方面发挥作用,因为他觉得语言必须要经济,他写文章用字用词都非常节省。第二,任何一种文字要被最没有文化水平的人都能接受。就像一个商品,一定要能被人接受。一个没人理解它的用途,一个不能发挥它的效益的商品是不会有消费者接受的。语言作为我们人人每天都不能离开的商品,当然必须"廉价",大家要用得起,而且用得好。这当然和经济学的规律有内在的一致性。

　　周有光从经济学转到语言学,就说明学科内在规律和机制的相通性。为什么这么说呢? 社会实在本质上是制度实在,而制度实在的本质是语言实在。三个层面统一起来,你分析语言就能最终慢慢推演到分析整个社会经济制度进而分析社会整体的存在。索绪尔的语言学表明,所指和能指的关系是由规则和情境决定的,语言就是一整套广义的秩序。维特根斯坦后期关于语言问题的思考也发现,语言本身就是一系列的游戏规则。这种语言与规则、制度之间的关系,除了内在的部分以外,也外化为社会和政治的层面,形成正规的语言制度,包括语言文字的变化是正规制度与非正规制度相互影响的产物,国家的语文改革本质上是制度的变迁。总之,语言现象是最具综合性和系统性的,一方面要求语言学家不断地扩展视野,另一方面也需要吸引非语言学的其他学科的专家参与其中。事实上,周老本人就是多层面、多方面综合处理语言现象的一代大家。搞清楚他的贡献,要求我们有更多层面、跨学科的广阔视野,和多方面的综合性的思考问题的方式方法。

(罗卫东《大德 卓识 通才 博学》,《文化学刊》,2016 年 12 月)

　　罗卫东曾谈过周有光语言文字研究中心的作用。

　　通过对周有光本人及他语言文字方面以及衍生部分贡献的深入研究,可以发挥几个作用:第一,对语言学本身来讲,以后该走什么样的发展道路,汉语和未来、汉语和世界的关系应该如何把握和处理。既然语言问题如此重要,对语言的研究和应用就不能不严肃谨慎。常州人杰地灵,出了很多的文化名人,特别是在语言学家,如赵元任和周有光,还有曾经涉足语言文字研究的中共早期领袖瞿秋白。学者的群体性涌现,不仅是简单的文化传承基础决定的,也是时代的重大推动引导的。赵元任先生、瞿秋白先生以及稍后周有光先生,他们这一辈人如此重视语言研究,重视汉语的改革与发展,是因为,他们不仅从语言的变迁中看到了某种此前不被注意的规律,更是因为,他们已经认识到语言与国家命运之间的内在关系。再进一步是看到了语言与历史、语言与文明之间的深刻的关联。周有光亲身参与了语言文字的变革,有着极为亲切而丰富的体验,他的个人生活史和文化变迁的过程紧紧联系在一起,不可分离。研究周有光一生的工作和他的贡献,其实不仅仅是就事论事地研究他一个人的事情,还要通过他这个人去考察中国学术与社会之间互动的机理和机制,通过以周有光为代表的那个群体去考察中国社会的变迁。我们这样做不仅是对老一辈的学者表达纪念和尊敬之情,而且是为了反思这一代和下一代的人(学者、官员等)应该做什么和怎么做。

第二,如何能够打通语言学和其他学科之间的联系。由于长期形成的体制性和习惯性因素的作用,现在中国的大学,各学科画地为牢、各自为政已经是积重难返的事实。我观察,语言学领域也不例外,首先是把语言学一破两半:理论语言学和应用语言学,然后是按照不同的标准(方法、理论、年代、国别等等)横切竖切,把语言学划分为几十个小学科和更多的方向。每一个具体的学科和方向所做的研究,很难避免盲人摸象的弊病,许多研究成果就事论事,虽然也是积累性的学术贡献,但是缺乏彼此之间的关系的整体理解和把握。造成这一状态的原因,在于研究者与现实中各种重大问题的脱节,以及缺乏解决应对重大问题需求的能力。周有光的可贵之处就在于,他始终避免从本本到本本,而是对中国与世界的变化保持高度的关注,他的主要的贡献就是面对语言文字实践中出现的重大问题,运用超越性的、跨学科的意识和思维,探索把握和解决这些重大现实问题的方法。他的这种处理现实问题的方式方法,是非常典型的跨(超)学科方法,也是今天我们的学术界最应该重视的方法。由于人类语言现象的泛在性、复杂性,它与人类一切活动的关系都是如此密切,因此,纯粹语言现象仅仅是哲学家和科学家的对象,一切与应用相关的语言问题,都必然是多维度的,研究和解决这些问题自然需要多学科的参与和跨学科的方法。我的专业是经济学,在我们这个大的学科中,语言经济学是方兴未艾的新兴学科,它研究的是,语言作为一种商品,是如何生产、分配、交换、消费的,它的演化又服从何种规律,特别是,人类活动的经济(节约)特性,是如何影响语言使用和变迁的。语言规则作为一种制度安排,它又是如何确立的,成熟的语言或者经济学意义上的均衡的语言是如何形成的。诸如此类,人们发现,语言这种现象,有越来越多的特征是可以通过经济学方法来探究和解释的。我内心非常希望将来中心能超越单纯的语言学研究,扩展到以语言为中心的相关各个方面和层面,通过围绕语言的学科交叉和学科超越来推动中国人文社会科学的整体进步,我相信这也是周有光本人愿意看到的。

我接触周有光的次数不算多,我对其的认识和理解也未必到位,在我心目中,周有光从经济学转向语言学,又从语言学转向世界文明的思考,其内在的理路是一脉相承的,他关注的始终是关乎整个人类的普遍性的问题,经济生活也好、语言生活也好,乃至世界文明的前进也好,其根本是人类发展的普遍趋势的把握和认识。这一点,我认为在今天就有极为重要的意义,这是周有光学问中关乎社会的部分。另一方面,周有光学问中关乎自己的部分也同样是具有强大魅力的。天赋、知识、阅历、反思,使他到达了"朝闻道,夕死可矣"的境界。周有光始终是那么宁静,那么自足,这种感觉有些到达"菩萨"的境界,因为他想通了就没有"隔","不隔"就没有痛苦了。他遭遇任何社会动荡,遭遇任何创痛都能波澜不惊,虽然这里面他也有他的感受,但他能很好地驾驭和平衡它。这一方面是他的天赋,一方面就是他的价值观,这种价值观塑造了他的心灵。我希望他身上这种感受幸福的能力、体验快乐的能力能传递到后人身上,让我们的社会少掉很多戾气,减少尖锐的对立,让大家都能够为建设一个好社会添砖加瓦。(罗卫东《大德 卓识 通才 博学》,《文化学刊》,2016 年 12 月)

2015 年 1 月 12 日罗卫东代表学校授聘周有光先生为浙大周有光研究中心名誉主任、周晓平先生为浙大周有光研究中心顾问

　　柏拉图和亚里士多德曾说过:最大的幸福就是宁静。周有光生活上经历了生离死别各种遭遇,学问上横跨经济与语言文字学,50岁的他还要一切都从头学起,在种种的不顺利、不如愿面前周有光一直以一颗处变不惊的心面对,给人的印象永远是那一张洋溢着笑容的慈祥面容。周有光这种平静的心境是常人难以企及的,达到了一种超越性的境界。我们希望将周有光这种宁静淡泊的态度传播开来,减少社会的戾气、提高感受快乐的能力,让这个社会成为一个和谐的大同社会。

我和周有光先生

马庆株,1942年生,天津市人,1963年毕业于天津师范学院中文系;1978年考入北京大学汉语专业研究生,曾被评为北大优秀研究生,1981年毕业获硕士学位,后被北大中文系推荐为做出突出贡献的中国博士硕士学位获得者候选人。现为南开大学教授、博士生导师,享受国务院政府特殊津贴,全国语言文字先进工作者,天津市劳动模范、"十五"立功先进个人。任中国语言学会第
6~8届常务理事,中国语文现代化学会第4~5届会长、中国修辞学会第9届会长、天津市语言学会会长、天津市语言文字工作委员会委员,复印报刊资料《语言文字学》学术委员,《汉语学报》《汉语学习》《东方语言学》编委,华中师范大学等校客座或兼职教授、陕西师范大学客座研究员等职。论著获全国高校人文社科研究优秀成果二等奖、国家社科基金优秀成果奖、天津市社科优秀成果3次一等奖、北大王力语言学奖等。主持含重大项目在内的国家社科基金项目、教育部各类项目10项。

交往录

马庆株与周有光相交甚深,在初中时马庆株因读到《字母的故事》而对语言学产生了浓厚的兴趣,后来又因读了《汉字改革概论》决定研究语言规划等方面,周有光可谓是他语言学成长道路上的引路人;马庆株也经常和周有光来往，从 2007 年元月起每逢周有光寿辰，马庆株都和部分北京、天津的会员一起代表中国语文现代化学会全体会员和常务理事会全体理事给学会的名誉会长周有光祝寿。

马庆株曾详细地讲述过自己在学术上与字母的渊源及周有光对汉语拼音的巨大贡献。

我从初中时就成了周有光的私淑弟子。那时周有光调到中国文字改革委员会工作，担任汉语拼音研究室主任，出版了《字母的故事》。这本书一出版我就借来认真读，做了很详细的摘录，由此我对字母乃至语言学发生了十分浓厚的兴趣，以致后来成了语言科学工作者。1956 年 2 月《汉语拼音方案（草案）》发表，我买了份报，在掌握注音字母的基础上用大半天学会了草案，马上就用汉语拼音记生理卫生课的笔记，甚至还大胆地用从《字母的故事》里和《拼音》杂志上学来的知识给草案提了修改意见，建议 zh ch sh 不用新造字母而参考捷克文采用加符字母 ž č š 表示。《字母的故事》让我知道拉丁字母是世界上使用最为广泛的字母，使用这种字母的国家遍及五大洲。拉丁字母来源于辅音元音齐备的希腊字母，希腊字母来源于只表示辅音的腓尼基比布鲁斯字母。同样来源于希腊字母的基里尔设计的斯拉夫字母被信仰东正教国家的俄文、塞尔维亚文等采用。学拼音就是学分析，培养分析能力提高人的综合素质。分析能力是基本的研究能力，科学离不开分析，把音节彻底地分析成音素，拼是拼合，所谓拼音实际上是合音，把音素合成韵母，合成音节。这样我在学过汉语拼音字母的基础上学什么都容易了，分析的习惯对数理化学习有帮助，对学语法有帮助，对学外国语帮助就更大了，自然学俄语就容易了，普遍觉得很难的俄语我却没有觉得有多难，我的俄语成绩一直是满分。周有光的《汉字改革概论》一出版我就又认真学习。后来为了了解不同文字区分同音词的办法自学了采用拉丁字母的英语、法语，还学了一点德语和世界语。1978 年恢复培养研究生，我以自学来的英语考研，以英语 96 分成绩考上了北大研究生。有了拼音基础，藏文字母和朝鲜谚文字母学起来也都不难了。我指导新疆来的原来学维吾尔语专业的博士生王景荣攻读汉语语法博士学位，因为她会说乌鲁木齐方言，我就让她研究乌鲁木齐方言和东干语，但她没接触过东干文，我列出俄文字母和汉语拼音字母对照表，只用 20 分钟就教会了她斯拉夫字母，她很快地就读了 4 部东干语长篇小说，还读了东干文小学课本，从中收集语料，发现东干语体貌范畴有意思，于是写出了乌鲁木齐话和东干语体貌范畴研究，获得答辩委员会好评，于是该博士学位论文作者成为南开大学教师。东干语实际是汉语陕甘方言,因为有拼音文字,东干人在俄语、乌兹别克斯坦语、哈萨克语和吉尔吉斯斯坦语的包围中奇迹般地把母语保持下来,这要感谢拼音文字。与此形成鲜明对照的是没有拼音文字的旅居欧美的华人二代多半成了丢失母语的香蕉人。王景荣能短时间学会东干文并研究东干语,完成博士学位论文,这得感谢汉语拼音,感谢对汉语拼音做出重大贡献的周有光。

周有光对汉语拼音做出了杰出贡献,他提出"汉语拼音三原则":口语化、音素化和拉丁化。周有光的主张影响很大,大到影响了中央的决策。《汉语拼音方案》设计前,毛泽东主席曾指示,采用民族形式的字母。毛主席派胡乔木同志听取周有光的意见,周有光把《字母的故事》转交毛主席,毛主席看了之后就改变了主张,放弃己见转为支持采用拉丁字母,于是《汉语拼音方案》采用了拉丁字母。这是具有十分重大意义的决定。拉丁字母具有普适性,可以使汉语走上汉字与拼音共存的"一语双文"道路,不忘本来,吸收外来,面向未来,可以让拼音帮助汉语走向世界。2013年贺周有光茶寿,我填了一首词《诉衷情》:

导师拍板问周公,字母五洲同。

拼音方案功大,网络鼓东风。

中外贯,古今通,赞仙翁。

欣逢茶寿,创吉尼斯,祝颂无穷。

文字改革委员会1956年1月10日通过了《汉语拼音方案(草案)》,决定由叶籁士、陆志韦、周有光三位先生根据通过的草案写定方案和《关于拟定汉语拼音方案(草案)的几点说明》,2月12日《人民日报》刊出。

周有光不仅在《汉语拼音方案》的制定上付出了心血,而且还致力于《汉语拼音方案》的宣传推广,周有光做学问信奉"从世界看中国"。

《汉语拼音方案》公布后周有光大力推行,开拓应用范围,研究电报拼音化和手指字母,写了《拼音字母基础知识》,积极推行《汉语拼音方案》。此后,周有光主编了《汉语拼音词汇》,研究汉语拼音正词法,形成《汉语拼音正词法基本规则》。20世纪60年代初,我读了周有光的《汉字改革概论》,十分佩服和信服书中的观点。这决定了我的一个重要研究方向——语言规划。在我领衔成功申报南开大学汉语博士点既而与几位南开同事成功申报中文一级学科博士点和博士后科研工作流动站以后,除了培养汉语语法博士和博士后,我还有底气地培养了语言规划博士和博士后。1982年,周有光出席国际标准化组织会议,促使《汉语拼音方案》成为拼写汉语的国际标准(ISO7098)。这是周有光的又一重大贡献。周有光 2007 年 10 月 31 日获全国性高规格的吴玉章人文社会科学奖特等奖,我们佩服周有光广博的学识,人们赞誉他是"周百科",把他称为"汉语拼音之父",周有光很谦虚,不接受"拼音之父"这个称号。周有光说汉语拼音是很多人努力的结果,的确,赵元任、瞿秋白、刘孟扬、吴玉章、郭沫若、韦悫、王力、陆志韦、黎锦熙、叶籁士、周有光等都对《汉语拼音方案》做出了不可或缺的各自的贡献。无疑周有光的贡献是很重要的、杰出的,但周有光并不居功,更显其人格的高尚。周有光十分风趣地说:"我前半生搞经济学,是半个圆;后半生搞汉语拼音,又是半个圆。两个半圆合起来就是个〇。"周有光在研究世界文字发展史的基础上很有说服力地强调文字发展的普遍规律,反复说要从世界看中国。

通过马庆株与周有光的多次交往,我们看到了一个和蔼可亲、关心后学、诲人不倦的大学者。

2002 年我当选中国语文现代化学会常务理事,2006 年当选会长,参加在北京举行的常务理事会,于是有机会向周有光当面请教,当会长以后见周有光的机会就更多了。周有光慈祥可亲,视野宽广,他前半生从事经济学,后半生从事文字改革,尽管年轻时身体不是很好,有人估计他的寿命不会超过 35 岁,但是由于笔耕不辍,勤于思考,乐观通达,保持了思维的敏捷,总爱说"真是好得不得了",以至于他说"上帝很忙,把我忘记了",他享年 112 岁,成为罕见的高寿学者,留下了 15 卷《周有光文集》。他主张从世界看中国,研究相信文字发展有普遍规律。周有光关怀后学,诲人不倦,对晚辈十分慈祥关爱,除了给北京大学和中国人民大学讲授汉字改革概论。还特别勤于著述,周有光曾赠送我《汉语拼音 文化津梁》等多本著作。在跟我们的谈话中,周有光介绍了他的长寿经验:不吃肥肉,爱喝咖啡和茶;适量活动,在房间里走动,从一个房间到另一个房间,还作大象运动,即扭动臀部带动全身;绝不生气,不让别人的错误惩罚自己;勤于动脑动手,百岁以后连续出书,好几年中是一年一本,可以说创了吉尼斯世界纪录。从 2007 年元月起每逢周有光寿辰,我都和部分北京、天津的会员一起代表中国语文现代化学会全体会员和常务理事会全体理事给学会的名誉会长周有光先生祝寿,祝愿周老先生上寿,千岁千岁千千岁。

马庆株在周有光的影响下也身体力行,希望掀起学习和宣传语文现代化理念的热潮,希望汉语在国际上迅速传播,为语言学事业奋斗终身。

在 2015 年 3 月 28 日中国语文现代化学会第十一次学术年会上我代表学会第 4～5 届理事会作了题为《牢固树立语文现代化理念,为实现中国语言文字梦而不懈奋斗》的工作报告,号召会员读书学习,希望在学会内外掀起学习和宣传语文现代化理念的热潮,坚持语文现代化的方向,不忘初心,继承前辈的爱国情怀和他们执着的语文现代化事业,特别提到要重点读周有光的《汉字改革概论》(《周有光文集》第一卷)、《中国拼音文字研究》(《周有光文集》第二卷)、《世界文字发展史》(《周有光文集》第四卷)、《比较文字学初探》(《周有光文集》第七卷)这些传世的语文现代化不朽著作。作为学习心得,拙文《整合创新,促进中国语文现代化——汉语拼写方案的必要性科学性和可行性》发表于《中国语文》2014 年第 6 期(吕叔湘先生诞生一百一十周年纪念专刊),该文在《汉语拼音方案》基础上力求守正创新,从世界看中国,吸收既往各种《汉语拼音方案》的拼式,吸收其他各种语言合理有用的拼式和拉丁字母转写形式,按照历史原则利用声旁类推,整合提出了区分同音词的拼写方案。希望这有助于海外华人的母语保持,有助于汉语在国际上的迅速传播,有助于汉语言文字由中国国家通用语言文字发展为国际通用语言文字,有助于中国语言文字梦的实现,有助于中华民族的伟大复兴。(本文系马庆株供稿)

2011 年 1 月 12 日中国语文现代化学会会长马庆株向
周有光送祝寿贺礼

一滴水与一片海

毛晓园,女,1942年生,中冶集团建筑设计院教授级高工,是周有光九妹周俊人的女儿,周有光的外甥女。

交往录

在毛晓园的眼里,周有光对学术是狂热的,日常聊天会让毛晓园掉进知识的海洋;游玩时善于观察,总能看出背后的本质;多年坚持研究汉语拼音,把美国国会图书馆七十万册的中文图书目录全部更换汉语拼音的索引。

周有光具有敏锐的观察力,善于观察、善于思考,是个生活的有心人。

望京是许多年前北京建的一个新城,来了很多韩国人,好像一个小韩国城似的,舅舅听说就想去看看。我们开车前往,一路上有很多韩文招牌,有各种公司小店,我们逛了韩国商场,吃了韩国烧烤,舅舅很高兴,他说,一个国家是好是坏,是容易看出来的,你看,马路上开的是"现代"汽车,手里拿的是"三星"手机,这个国家一定是发达的。联想到1979年,舅舅出国经过波兰,在那儿停留时间很短,但是,他看到一些表象,如马路上的指示路牌,修道院嬷嬷着装等等是法国式的,而它的制度是苏式的,舅舅说,这个国家头在法国,脚在苏联,不会稳定,果然被他言中。舅舅观察事物的敏锐非同一般呀！(毛晓园《我是一滴水 舅舅似大海》,《有光一生 一生有光——庆祝周有光先生茶寿文集》,金钥匙华文出版社 2014 年版)

毛晓园说:"舅舅五十岁以前是搞经济的,五十岁以后应吴玉章的要求调到北京文改会,就转行搞语言文字了。"周有光在经济与语言文字方面都取得了很大的成就。在学习方面,周有光给了毛晓园"一片汪洋大海"。

舅舅家的书房很小,只有几平方米,每次去舅舅家,一跨进书房门,舅舅就会说,你来了,好,好,今天有两条重要新闻,或是说,你来了,坐,坐,今年有三件大事……于是我们便一下子掉进了知识的海洋,谈古论今,国际国内,滔滔不绝……小小书房顷刻变成汪洋大海,这种滋味,实在是太美妙了!(毛晓园《我是一滴水 舅舅似大海》)

据毛晓园回忆,周有光语言专业讲座大受欢迎,既没有宣传,又是专业的比较文字学讲座,来的观众却很多,坐满了礼堂。可见周有光影响之大。

2004 年 12 月应中国现代文学馆的邀请,舅舅去做了一次客座讲座。那次讲座是没有经过宣传的,而且讲的是专业的比较文字学。自发来听的听众有好几百人,真没想到,坐满了大礼堂。那年舅舅马上就要一百岁了,一百岁的老人讲课一个小时,现场答疑一个半小时。都是没有讲稿,即兴的问答,引起了轰动,迎来阵阵掌声。讲座以后听众排起了一条长龙,都排着队要和他合影留念,要他签字。有从外地来的带了这么一摞厚厚的周有光的书要他签字。一直到十二点以后听众的热情不减,主持人都急坏了,生怕累坏了舅舅。那天在开会前因为是第一次去现代文学馆,大家推着舅舅楼上楼下粗粗看了一圈,看完以后舅舅说了一句话,他说现代文学馆怎么能没有胡适?他一提醒我们就注意了一下,文学馆里鲁迅、郭沫若、巴金、茅盾、冰心、老舍都有,但真是没有胡适。舅舅在他的书里常常写道,胡适是中国新文化运动的先驱,是中国白话文的倡导者,他还告诉我们"实践是检验真理的唯一标准"是胡适提出来的。现代文学馆没有胡适是为什么呢?(毛晓园《我是一滴水 舅舅似大海》)

周有光 1955 年调到北京,进入中国文字改革委员会,专职从事语言文字研究,研究多年制定了"现代汉语拼音方案"。因为他对拼音字母的"前世今生"非常了解,所以他制定的汉语拼音方案没有出现大问题,流传至今,应用广泛,可见他的严谨治学。

我小孙子的老师是个台湾同胞,后来到了美国,他在学校教孩子们英语、西班牙语,一个字母在英语和汉语拼音里的不同发音。很小的孩子都能很愉快地接受,而且很好地掌握。他知道周有光是我们的亲戚后很高兴,他说我要到北京去。在 2013 年暑假他就来北京专门拜访舅舅,舅舅看到他以后说我很高兴和你聊天。在一问一答中舅舅就把中国从清代开始处理拼音字母,到 1955 年开始搞汉语拼音,再到 1982 年汉语拼音成为国际标准的历史讲得一清二楚。舅舅说,当初好多人说就二十六个汉语拼音字母你们搞了三年,太笨了。舅舅说其实这里头的学问还是不少的,要想搞出一个比这个更好的汉语拼音也不容易。……汉语拼音确实搞得非常好。当天舅舅兴致很高,还跟老师介绍了一下美国国会图书馆的情况。他说美国国会图书馆是世界性的,在 80 年代就有七十万册的中文图书。汉语拼音成为国际通用标准以后,图书目录的索引都要更换,为了这个事他们专门请舅舅去了一趟华盛顿。他们跟舅舅说要把七十万册的中文图书目录全部更换汉语拼音的索引,这是个浩大的工程,他说我们现在还没有经费。舅舅说没有经费不要紧,现在可以不搞,但是要把方案定下来,等到有了钱再搞。过了若干年以后,他们花了三千多万美元,更换了全部图书目录的索引,完成了这项工作。(据浙江大学周有光语言文字学研究中心成立仪式暨语文现代化高峰论坛的发言稿整理)

周有光在当时力排众议,坚持罗马字母,历史证明了其正确性。在如今的信息化时代,《汉语拼音方案》大大促进了中文信息处理的效率,也极大地推动了中国的语文现代化。

当初采用罗马字母作为汉语拼音字母也真是一件不容易的事儿。那时候就是大部分的人都是主张用汉字笔画式的字母,少数人赞成用斯拉夫字母,舅舅说只有他和极少数的人是主张用罗马字母的。他说当时毛主席也是主张用汉字笔画式字母的。在五十多年前开会的时候,毛主席就问:周有光,你赞成不赞成。舅舅说我不敢反对毛主席,可是我可以不说话。毛主席又问,我还是不说话。毛主席看我不说就明白了,然后就宣布休会。会后,胡乔木就到舅舅家里,问舅舅你到底是什么意见啊? 舅舅就拿出一个小册子,他说我写的这个《字母的故事》,这本书你拿去给毛主席看一看。然后下一次开会的时候,毛主席就主动说汉语拼音还是用罗马字母好,国际通用。

上次在常州开会的时候,袁忠瑞先生讲了一些话,他是国家语委原推广处处长,是中国语文现代化学会原来的秘书长。他说想当初五十多年前,周有光坚持用罗马字母作为汉语拼音的字母,这件事的意义真是实在的重大,真的是重大。如果当时不是用的这个字母而是其他的字母,那这个国际通用的计算机键盘我们怎么使用。如果不是用这个字母,那么中文的人名地名怎么能够方便地转化成国际通用的罗马字母。中国的语文现代化又怎么能够高效率地推进。越想越觉得周有光伟大,我们也觉得舅舅的功德无量。(据浙江大学周有光语言文字学研究中心成立仪式暨语文现代化高峰论坛的发言稿整理)

通过毛晓园与周有光的交往,可以看出周有光一心扑在学问上、中国的语文现代化上。他是一位爱知识、爱思考、严谨治学的学者。

毛晓园与周有光交谈

兴趣的缘分

彭泽润,1963 年生,湖南衡山人,博士,教授。湖南师范大学语言学及应用语言学学科带头人,现代汉字书法学科带头人,博士生导师。中国语文现代化学会副会长,语言理论分会理事长。浙江大学周有光语言文字学研究中心特聘研究员。

交往录

彭泽润跟周有光交往比较早而且缘分很深,一切都源于他们对语文现代化的兴趣。1994 年在中国语文现代化学会成立大会上,彭泽润第一次看到周有光。2006 年彭泽润第二次看到周有光,而且在周有光家里做了唯一一次面对面的学术交流。第三次看到周有光是 2017 年,就是周有光去世的前几天,可以说只是单方面看到周有光躺在床上睡着的样子。

那次面对面的学术交流,彭泽润说周有光没有一点架子,对晚辈平等相待。

我和周有光先生认识很久了,我在 1987 年通过周有光先生的汉字改革教材考取中国人民大学硕士研究生。取得学位后我更大的兴趣是研究周有光,研究语文现代化。早在 1994 年,周有光、王均、张志公、尹斌庸等语言学前辈,发起成立"中国语文现代化学会"。周有光担任顾问,张志公担任会长。我成为当时最年轻的理事,不久成为常务理事。那次成立大会上,我第一次见到周有光。12年后,直到2006年,我南开大学博士后出站到北京去办证书的时候,我才到他家里拜访,跟他有过唯一一次的面对面学术交流。印象特别深刻。让我特别感动的是,我作为一个"小学生",周先生说读过我的很多文章。2015年我当选中国语文现代化学会副会长。(彭泽润《为什么说周有光是"汉语拼音的爸爸"? ——怀念112岁去世的周有光》,《语文和语文现代化研究——周有光纪念文集》,浙江大学出版社2019年版)

最后一次去周有光家看他,是周有光去世的前几天。这位百岁老人安详地躺着在床上,彭泽润以为只是在休息,会好起来。没有想到就这样安静地走了。

2017年1月11日,我上午主持民进湖南师范大学委员会的年度总结大会。匆匆吃了午饭就去坐高铁到北京。这次去北京的目的,本来是参加中国语文现代化学会常务理事年度工作会议。2015年我开始当学会的副会长,但是还从来没有去参加过这样的会议。

唯一一次到他家拜访的时间是2006年,也正好10周年了。这个时间我排满了工作,要是没有高铁真的不敢在2天内安排到北京来回。几次想放弃,还是去了。

11点多结束会议,我们赶紧到国家语委大楼后面的宿舍,去周有光简陋的家里祝寿,祝贺他112岁了。我们来到周有光家里,满腔跟他对话的期待突然被阴沉沉的气氛代替。进门的左边就是他的书房,上次接待我给我题字的书房,空荡荡的。我们被拥挤着,被引导到了里面的客厅。小客厅突然来了一群人,站都站不下。

负责接待的亲人说不忍心让我们去看他,我就觉得有点不好了。最后说派代表去看看周有光。原来他的卧室在书房对面,里面只是一个客厅和厨房。整个一套房子非常狭小,却住着一个112岁的世界名人。

原来周有光确实已经在112岁生命静静结束的前夕。2017年1月15日由搜狐文化主办的"周有光追思会"在北京举行。周有光的外甥女毛晓园在现场向大家介绍了周有光最后一段时间的身体状态。她说:"舅舅住院病情控制得很好,白细胞很快下降了,下降以后精神比较好,跟两个小保姆说,我们3个人偷偷一起回家吧。那两个小保姆跟着他最长的20年了,跟亲人一样。大夫没有同意让他回家,他那几天跟他们讲故事,讲他的兄弟姐妹,讲他的老家。我听小田说,他讲了差不多有两天两夜。他讲累了就开始睡觉。出院前两天开始睡觉,出院到现在基本一直在睡觉,他就是这样睡着睡着就走了,离开我们。"(彭泽润《为什么说周有光是"汉语拼音的爸爸"? ——怀念112岁去世的周有光》)

周有光不居功自傲,一再说不要叫他"汉语拼音之父",他认为制定《汉语拼音方案》不是靠他一人的力量,是整个团队共同努力的成果。彭泽润认为周有光在这里面贡献最大。

社会上早就给周有光一个文学性的称号"汉语拼音的爸爸",类似杂交水稻的爸爸袁隆平。现在很多人不服气,觉得不公平,给周有光的光环太大,甚至说周有光自己也不承认。

无论大家对"汉语拼音的爸爸"这个标志性的称号是否认同,他就像"杂交水稻的爸爸"袁隆平一样并驾齐驱。"爸爸"这个文学性的比喻称号,只是说明一个人的突出贡献。汉语拼音从清朝来自西方的传教士开始有很多人做了很多探讨和实践,今天用的这个方案总结了前人的经验教训,周有光作为一个学者做出了决定性的技术贡献。

他自己是谦虚,说不能这么称呼。但是我们看看《周有光百岁口述》(广西师范大学出版社2008年)在"文字改革委员会"部分的回忆概述:

我是1955年10月离开上海,在北京开完全国文字改革会议,领导就把我留下来,在新成立的中国文字改革委员会工作。委员会下面有两个研究室:第一研究室是拼音化研究室(除了研究拼音化还研究其他),我当主任;第二研究室是汉字简化研究室,主任是曹伯韩。这以前我在外国买到许多字母学的书,觉得很有趣味。字母学在中国没有人研究。那时候是业余的爱好,想不到后来会用上。叶籁士创办了《语文》杂志,我给他们写文章,我参加上海的拉丁化新文字运动。所以要我来北京开会。那时吴玉章是中国文字改革委员会的主任,部长级别。副主任是胡愈之,真正做事的是他。他能够写文章,"真正有世界眼光,跟我谈得来",没有什么官架子。周总理经常请我们到中南海讨论问题,留我们吃饭,的确是政府和人民团结很好。成立了一个下属的拼音方案委员会,15人。真正工作是我们研究室做的。草案写作推选3个人:叶籁士、陆志韦、周有光。"许多资料都是我搞的,因为我是主持这个研究室的。这件事情应当说很复杂,搞了3年才成功。""今天人家提出的任何问题,都是过去研究过的。这个地方就用到字母,没想到我在伦敦买的字母学的书发挥作用了。世界上有那么巧的事情。""把我留下来,的确是找到一个合适的人,因为中国搞语文学、文字学的人多得很,可是都是搞传统的语文学,现代的东西就搞得很少,几乎没有人搞字母学。"中国的文字改革起初是少数知识分子参与,后来人多了,也只是在知识分子圈子里面。有群众性的运动是从拉丁化运动开头的。可是我一看到外国的东西,中国的水平太差。"我运气也很好。一做这件事情,自己就要努力地学。"吕叔湘、王力都是我的朋友。当时王力是北京大学中文系的主任,请我讲汉字改革课程,讲了 3 次。后来中国人民大学也请我去讲。讲稿出版就是《汉字改革概论》。"建立国家的共同语言要有一些理论,普通话的第一本理论书是徐世荣写的。从前我们有好多语言学的书,一本也不管用。文字学都是用来看古书的,跟今天的生活完全没有关系,这是很不正常的。""我这本书可以说是文改运动跟文字学、语言学挂钩的第一本书。以前有几本小本子,也是没有理论的。苏联的拉丁化运动也缺少理论。"沈从文到学校里去教白话文,学校里的老师是看不起的。胡适是从美国回来的,有眼光。"这一点一直到今天还是不一样:美国是现代重,古代轻,中国是古代重,现代轻。"

通过周有光自己的历史事实的回忆,我们可以看出,他是中国文字改革委员会主要研究拼音化的第一研究室主任,是他第一个掌握字母学,建立了文字改革理论。(彭泽润《为什么说周有光是"汉语拼音的爸爸"? ——怀念112 岁去世的周有光》)

50 岁的周有光响应国家号召,为了建设新中国,哪里需要他,他就去哪里。彭泽润认为周有光爱国敬业。

他从工作需要出发,放弃自己的经济学教授身份,从头开始帮助国家制定《汉语拼音方案》,进入语言学领域,成为第一研究室主任,主要从事语文现代化研究,归纳出"语言的共同化,文字的简便化,注音的字母化,术语的国际化"等理论。

在充满分歧的意见中,《汉语拼音方案》最终采用了周有光的科学思路:(1)采用国际通用的拉丁字母。不用其他字母,也不自己发明字母。(2)字母记录彻底音素化。不继承已经推行的注音字母的做法。(3)字母拼写口语化。放弃"老国音"折中和照顾各地方言的人为混合语言的不科学的做法,直接根据活生生的北京话的语音系统设计和使用。

他很重视词在语言中的地位。在 1958 年《汉语拼音方案》中,就预留了接口,在 1988 年的《汉语拼音正词法基本规则》中,实现了词意识的对接。用了 30 年时间有策略地对付了那些语言现代化的保守力量的阻力。小学拼音教学长期拒绝儿化拼写,把"一会儿"错误地拼写成"yī huì er"。这不仅是不尊重普通话语音系统,而且是拒绝语言的基本单位是词的科学理论。值得高兴的是,经过王均等学者的长期努力,这种错误近来开始改正,这种拒绝词意识的保守力量,经过 20 年的挑战,在《现代汉语词典》2005 年以来区分一个字记录的词和非词,给词标注词性的进步力量的影响下,已经开始投降。

他重视口语在语言现代化中的地位,最明显的表现是反对高考生写文言文作文。南京一个高考生模仿文言文章的语言形式写的高考作文,得到满分,引起全国轰动。2003 年,面对记者的询问,98 岁的周有光毫不含糊地说:"提倡文言是时代的错误""文言文不适合现代生活""认为文言比白话美,那是心理错觉""目前有一股复古风,这是缺乏时代意识和自信心的表现。青年们不可误入歧途""媒体炒作不足怪。人咬狗是新闻嘛!"(彭泽润《为什么说周有光是"汉语拼音的爸爸"? ——怀念 112 岁去世的周有光》)

周有光不仅仅对汉语拼音制定做出主要贡献,而且在语言现代化各个领域都有他的理论和实践,包括电脑,他长期使用电脑。周有光自己的研究,涵盖语言现代化的几个方面。彭泽润在这个基础上做了一点调整,认为中国语言现代化有 7 个方面。

一、语言关系和谐化。外语和汉语较量,方言和普通话较量,民族语言和国家通用语言较量。多元化的语言生活本来是件好事,但是可能产生矛盾。语言关系的和谐问题已经是国家安全问题,应该上升到战略程度关注。

二、语言生活共同化。国家层面的共同语,在中国毫无疑问是汉语普通话。

三、书面语言口语化。五四运动先推动国语运动,紧接着是白话文运动。白话文运动就是让我们怎么说话就怎么写文章,这大大提高了语言效率。

四、表意文字简便化。表意文字简便化就是在汉字的基础上进一步现代化。其实汉字从古代到现代一直在变,从甲骨文变到现在的汉字,汉字发展到简化汉字。

五、文字体制表音化。汉语拼音虽然没有完全取代汉字成为完整的文字,但是已经成为汉字不可缺少的助手,没有拼音,汉字也就无法生存了,这是二十年前谁也想不到的问题。拼音为什么有这么大的威力,当时我的理论基础很简单,就是语言的根本是口语,口语的形式是声音。我们的拼音是通过我们的口语形式来编排的,不会写汉字的也可以打字,只要会说话就可以打字。所以搞语言现代化不是瞎胡闹,要尊重语言规律。在尊重语言规律的基础上,就算遇到困难也会成功。所以我们研究语言现代化要学习周有光,尊重语言规律。周老的每一个主张都是尊重语言发展规律的,因此都能实现。在说到文字体制表音化的时候,周有光的态度比较缓和,说汉字还是会有很长时间的使用,要取代汉字还要好几百年。在中国,汉字的传统太深远,要像越南像韩国一样很快的取代汉字不太可能,连日本现在都不能取代汉字,只取代了一半。所以说我们既不要心急,也不要下结论说汉字改革失败了,拼音化失败了,拼音要在各个领域取代汉字至少要几百年。所以在这点上周有光先生说要学好汉字,他也没有说汉字拼音化不可能,这是一个很好的策略。

六、文本格式清晰化。如果文字进步了,书写格式上也要进步。繁体变简体了,或者说简体变拼音了,统一以后我们如何书写它,这是文本格式的问题。文本格式的现代化我们已经成功经历好几个过程了,从没有标点到有标点,从竖写到横写,这都已经成功了。

现在我们小学的拼音教学把拼音完全控制在只给汉字注音而不允许它拼写普通话上,这是"犯法"的。国家语言法律明确规定《汉语拼音方案》的两大功能:一个是给规范汉字注音,一个是拼写普通话。而我们现在的小学语文教材坚决拒绝拼写普通话,以致拼出不伦不类的普通话。例如"一会儿",明明是两个音节,结果在我们的小学语文教材里拼出了三个音节,因为是三个汉字,"字本位"的思想。所以我们小学语文教学的把关人对待汉语拼音太落后太保守,对国家标准长期置之不理,对国家语言法律置之不理。刚才前面说到的几个语言现代化,我们有很多"犯法"的现象。我们高考学生用甲骨文、文言文写高考作文这都是"犯法"的,因为甲骨文、文言文违背了国家法律规定通用语言的使用。高考是国家通用语言文字使用的场所,如果能用文言文写作文,那我用长沙话写作文能不能给我满分,用杭州话写高考作文能不能得满分?这样就无法无天了。我们的文字在书写语言原始的时候都是很粗糙的,没有标点符号,没有词的空格,所以我从理论到实践都主张"词式书写"。周有光先生题了词从理论上支持我,我好几本书都是这么出版的。文本格式清晰化未来一个大的问题就是如何把正词法贯彻下去,然后把正词法延伸到汉字文本。特别值得高兴的是《中国语文》终于把我们这个观点发表出来了,这个在十多年前是不可能的。

七、信息处理电子化。这个也是周有光先生做得比较早,从理论到实践都有。

　　周有光的光辉主要体现在他的思想的深度和学术探索的前瞻性中。一切原因是他能够站在世界的屋顶看中国。物质生活空间的狭小,跟思想眼光的宽广形成巨大的反差,这样的周有光形象更加让世界震惊。(彭泽润《中国语言现代化的 7 个现代化》,据浙江大学周有光语言文字学研究中心成立仪式暨语文现代化高峰论坛的发言稿整理)

2006 年 11 月 16 日,101 岁的周有光跟彭泽润探讨学术问题

语言的启蒙与担当

施春宏,1967 年生,安徽青阳人。北京语言大学教授,《语言教学与研究》主编。先后就读于安徽省宣城师范学校、安徽师范大学、中国社会科学院、北京大学,并曾赴美国哈佛大学从事博士后项目研究。先后在安徽省青阳县新河中学、外文出版社暨华语教学出版社、北京语言大学工作。2010 年入选教育部"新世纪优秀人才支持计划"。曾任浙江大学周有光语言文字学研究中心特聘研究员。研究方向为汉语语言学、理论语言学、应用语言学。

交往录

施春宏说以前对周有光有一些了解,因为是国家语委的硕士,对周有光的思想和想法有所了解,后来博士做语法之后就对应用研究减少关注了,但兼任浙江大学周有光语言文字学研究中心的特聘研究员或许也是学术转型的一个契机。

施春宏提到阅读周有光让他明白了社会的需要是语言文字工作根本的驱动力,周有光具有现实关怀,致力于解决现实问题。

通过阅读周先生的著作,还是能看出问题,社会的需要是语言文字工作根本的驱动力。周有光先生为什么成功,因为他的成功是立足当下的迫切需要,而且是国家层面的需要,社会大众层面的需要。实际上做学术研究都有需要,最低的需要是自己有"一碗饭",所以直接面向社会服务也是种需要。周先生最开始写《字母的故事》可能还没有直接面对社会现实问题,而做语言文字应用工作面对的就应该是当下的迫切需要。如果能有好的平台,像周有光语言文字学研究中心这个平台就能面对更大的需要,国家层面的需要和社会大众层面的需要,可能这样的需要应该引起更多的关注。那么当下社会的迫切需要到底是什么? 这个是我们要结合周有光思想考虑的问题。

周有光那代学者"以天下为己任",将启蒙大众的责任担当注入语言文字工作。

从阅读周先生的著作中得到的启发,就是语言文字工作对社会大众,社会发展的启蒙和引导作用。这个方面很有意思,周先生这代学人的研究特别把社会担当作为自己的人生使命,其中很重要的一个担当就是要有启蒙作用。可能当时大家都还没有意识到,周先生提出了基于拉丁字母的拼音方案,这个不单对普通大众是个启蒙,对管理国家层面也是个启蒙,当时对学者也是种启蒙。启蒙好了还有引导作用,因为他在学理上,在操作层面都做得很不错,引导大家往前走。启蒙会随着时代的不同而不同,新时期我们需要哪些启蒙?

当代知识分子如何担当? 周有光的人生经历就是一个很好的范例。

知识分子的担当到底是什么。知识分子往往把自己定位为"知道分子",而知识分子如果想有担当的话就应该有民众情怀,国家情怀。还有对"小知识分子"比较麻烦的事情,也属于一种担当,就是知识分子如何影响政策的制定。周有光先生就是一个很成功的范例,为什么他的思想最后影响政策制定成功了,这个是值得研究的。他的国家情怀能够实现,而不是空有报国之志,这得有自己的创建,有自己独特的追求。

周有光先生的著作给人的感受就是,他是"让世界的成为中国的,同时也让中国的成为世界的",例如他让《汉语拼音方案》成为世界上尊崇的一个标准。

对于浙江大学成立周有光语言文字学研究中心,施春宏有以下感想:

浙江大学成立周有光语言文字学研究中心具有开创意义。我喜欢看人文传记,发现文学家有不少传记但是语言学家却很少有,尤其是介绍生活的。人们一般只谈语言学家的贡献,不怎么重视语言学家的思想、生活、情怀这些方面的整理。实际上语言学家的思想有一个生发的过程,如果对其提炼也许能给我们以启示。北京语言大学做过一个非常好的工作,叫"对外汉语教学名师访谈录"。这些名师都七八十岁了,他们的文章不多但是教学经验很丰富,就是所谓的经验理性和学术理性。语言学界不太重视口述史、叙述史的研究,所以看到周有光口述的这本书我非常高兴。刚好周有光语言文字学研究中心成立,或许是个很大的契机,使有深刻思想的这些学者的生活历程,成为我们关注的重点。如果这方面做得好,语言学家思想的生发过程和其他各方面的影响力就能够活灵活现地展现在读者面前。语言学界人很多,但学科影响力很弱,因为通常我们研究一个词一个句子是满足学科本身的需要,别人不太关注,我们走进社会也有难度,这和学术壁垒也有关系。

施春宏认为我们应将眼光放得更广大,以周有光为中心研究他同时代的人物,形成完整的学术思想体系。

对周有光先生的思想应做"转喻"的理解,它既是周有光的又是周有光同期学人的。我们的研究不能限于周有光,周有光可能是同期比较突出的一个人物,生命又有很长的历程,经历了四个时代,每一个时期都有一个潮流往前走。他的思想既有一贯性又有时代性,把他和同期学人合在一块儿研究,能得出更为丰满的学术思想的整体成果。围绕这个对思想进行整理,特别关注思想的发展,对当下、对未来会有什么样的影响,而不能只关注周先生说些什么。怎么让历史走进现实,对历史人物的评价既是历史的,可能更是现实和未来的。这样我们成立中心的意义就更加深远了,也就是李宇明教授所说的"巨大作用"和"深远影响"。(据浙江大学周有光语言文字学研究中心成立仪式暨语文现代化高峰论坛的发言稿整理)

语言应用与语文现代化

苏培成，1935 年生，天津人，1962 年北京大学中文系汉语言文学专业语言专门化本科毕业。自毕业一直从事汉语汉字的教学与研究，主要研究现代汉字学、语文现代化、辞书编纂、标点符号等。先后在北京师范专科学校、北京第一五八中学、北京师范学院分院任教，1988
年调入北京大学中文系工作。现为中国语文现代化学会名誉会长，泰山学院中文系特聘教授。曾任浙江大学周有光语言文字学研究中心特聘研究员。

交往录

苏培成与周有光的交往始于 1960 年，苏培成在北大中文系读书，周有光在北大开设了汉字改革课程，他有幸成了周有光的学生。周有光的课使他大开眼界，使他对语文现代化有了初步的了解，为他以后的研究方向奠定了基础。

周有光致力于语言应用研究，促进中国语文的现代化。

周老是学者，是当代著名的语言文字学家。他从语言文字工作入手，关注的是如何让语言文字为社会的发展服务，也就是如何实现中国语文的现代化。语言文字的研究可以分为"本体研究"和"应用研究"两个方面："本体研究"指对语言文字本身结构的研究，例如语法研究、语音研究等；"应用研究"研究如何在社会生活中发挥语言文字的作用，推动社会朝着现代化的方向发展。周老的研究着重在语言文字应用的方面，在这些方面他提出了一系列具有真知灼见的观点。半个多世纪来，周先生研究汉语汉字作出了重要的贡献，到现在为止他发表了 30 多篇著作，"文革"前的《汉字改革概论》，这是我们国内自五四以来第一本从理论上讲清楚汉字改革的学术著作。"文革"后，他发表了《比较文字学初探》《世界文字发展史》等等是有很高的专业的学术水平。而我体会，周老研究语言文字学，研究语言文字学的应用，他的核心是要促进中国语文的现代化，这跟他整个的世界观和整个学术思想是密切相连的。他所说的语言文字现代化指的是语言文字应用的现代化，在这个方面确实是做出了重要的贡献。

第一，周老是《汉语拼音方案》的主要研制者，为方案的制定做出了重大的贡献。他提出了汉语拼音的三原则：就是拉丁化，用国际通用的拉丁字母；音素化，采用音素制的音节结构；口语化，拼写普通的标准语音——北京语音。他进行了具有创造性的研究，圆满解决了字母和音配合的种种难题。《汉语拼音方案》是近百年来汉语拼音的最佳方案，到目前为止人们没有发现方案在设计上有重大的缺陷。这是很了不起的成就。方案的推行已经半个多世纪，在社会语文生活的诸多方面发挥了重要的作用。1982 年国际标准化组织通过决议批准汉语拼音是拼写汉语的国际标准。汉语拼音由国内的标准发展为国际的标准。

第二，周老牵头制订了《汉语拼音正词法基本规则》，对《汉语拼音方案》作出了重要的补充。《汉语拼音方案》只规定了汉语音节的拼写法等有规定词和句子的拼写法。《汉语拼音正词法基本规则》弥补了汉语拼音在这个方面的不足，扩大了汉语拼音的应用。

第三，周老提出建立现代汉字学。传统汉字学是以《说文》研究为中心，主要解决阅读古籍里面的汉字问题，而没有解决现代生活里的汉字问题。现代汉字学研究的是汉字的现状和应用，正好补足传统汉字学的不足。例如，如何制定《规范汉字表》，如何实现汉字的"分级定量"，如何实现汉字的国际推广等，都离不开现代汉字学的指导。

周老密切关注汉字的信息处理，针对汉字进入电脑所遭遇的困难，及时提出了拼音转变法。"文革"后期电脑进入了中国，但是古老的汉字无法输入电脑，这成了中国走上信息化的瓶颈。王永民先生创造了五笔字型输入法，拆分字根，使汉字进入电脑，这是大成就。可是五笔字型需要专门的学习和大量的记忆,年纪大一点的人很难学会、很难普及。在西方,电脑是普通知识分子都可以应用的文字工具,在中国不行,知识分子要用笔起草文稿,然后再由学会使用五笔字型的专业录入员输入。这就阻碍了中文信息技术的发展。为了解决这个问题,使电脑走进千家万户,周老提出了拼音转换法。具体说就是输入汉语拼音,由软件把拼音换为汉字。可是汉字里的同音字很多,拼音输入时选择同音字又成为难题。周老提出,拼音输入要以词为单位,而不是以字为单位。这就使得拼音转换法发展成熟,达到实用的水平。到如今,拼音转换法成为输入法的主流。(摘自"新启蒙与当代知识分子的责任"座谈会暨庆祝周有光先生108岁华诞现场记录稿)

周有光致力于语言文字的研究,他对于启蒙教育,对于国家的启蒙运动同样有重大的发展。

语言文字的研究对一个国家、对于一个社会的发展是有重要作用的,各位知道在西欧,在文艺复兴之前是有以语文改革开始的引导西欧进步,引导西欧的产业革命。日本的明治维新也是由语言文字的改革开始,而在中国五四时期作为启蒙时期是由新文化运动开始的,首先是用白话文取代文言文,这就是语文改革。五四时期,接着就是文字改革,让我们的文字简易化,这些历史事实证明语文的研究跟国家的发展不是没有关系,而是关系非常密切。我体会周老致力于语文现代化的研究,他从这个角度来推动社会的发展和国家的进步,周先生研究了五四以来近百年中国语文的发展,他把它归纳为四个大的方面,我个人觉得在这方面除了周先生之外没有人到现在为止概括得这么好。简单地说他认为百年来我们的语文生活发生了重大变化,第一点就是推广共同语,克服方言的隔阂。第二点使我们的文体由口语、白话文代替了文言文,这不但是文体的改革,而且是思想的解放和思想的改革。第三点是汉字的简易化,古老的汉字要适应新时代,要往前走,要适当地变简易,减少学习的困难。第四点是标音的进化,中国古代没有标音的符号,现在有了汉语拼音,使我们汉语汉字得到非常有效的辅助性的东西。这四个大的方面,如果再加上刚才说的汉语拼音进入电脑,我们可以叫作"信息处理的电脑化"。这五个方面是我们今天语文生活的主流,我们有了普通话、白话文、简化字、汉语拼音,我们每个人都是语文改革的受益者。(摘自"新启蒙与当代知识分子的责任"座谈会暨庆祝周有光先生108岁华诞现场记录稿)

语文改革推动了启蒙运动的发展,主要表现为两个方面。一方面是促进了教育的发展。没有教育的发展,没有语文生活的现代化,启蒙就是空话。首先可以帮助你扫除文盲,一个文盲谈不到思想启蒙,谈不到进入现代化社会,要能很好地受教育,语文改革是必需的东西。另一方面是促进国际文化的交流。语文是文化交流的工具,文化的发展是从高处流向低处,先进改变落后。一个封闭的社会,无法进步。打开了国门,开始了文化交流,看到了差距,受到了启发,这就开始进入了启蒙时期。我们今天再不能过封闭、半封闭的日子,我们了解世界是怎么发展,没有语文这个工具我们了解世界就会遇到很大的困难。所以我说周先生研究语言文字他的目的也是唤醒民众,而且这个目的事实上已经达到了。现在已经进入 21 世纪,周先生在他的著作里展望了 21 世纪我们汉语汉字的发展前途,我还没有见到我们国内除了周先生以外哪个语言学家这么关注 21 世纪我们汉语汉字的前途,我们国家从政府的层面也没有见到政府主管部门对于 21 世纪汉语的发展做出这么明晰的分析。信息网络时代的到来,打破了思想的封锁,使得启蒙运动必然地产生和发展。周老总结语文演变的规律时说:"一种文化工具,只要易学便用,适合时代需要,它本身就会自动传播,不胫而走。"普通话、白话文、简化字、汉语拼音、拼音转换法,都是这个样子,没有例外。

周老探讨了 21 世纪汉语和华文的发展,提出了三点看法。第一,21 世纪华语将在全世界华人中普遍推广。英国在两百年前普及了英语共同语,后来成为事实上的国际共同语。日本在明治维新以后普及了日本共同语。全世界的华人将在 21 世纪末普及华夏共同语。第二,21 世纪汉字将成为定形、定量、规范统一的文字。汉字难学难用主要不在笔画繁,而在字数多。字符从多到少,从繁到简,是文字进化的规律。在 21 世纪的后期,讲究效率的华人将把一般出版物用字限制在 3500 个常用字范围之内,实行字有定量,辅以拼音。在 21 世纪的后期,可能还要对汉字进行一次简化。第三,21 世纪拼音将帮助华文在网络上便利流通。汉语拼音已经得到全世界的公认,成为国际标准。在 21 世纪的国际往来中,拼音将发挥沟通东西方文化的桥梁作用。周老的高瞻远瞩值得我们重视,我们相信中国的语文改革会克服前进中的困难不断前进。(苏培成《语文改革与新启蒙运动》,《有光一生,一生有光——庆祝周有光先生茶寿文集》,金钥匙华文出版社 2014 年版)

周有光作为"现代汉语拼音的重要奠基人",这成就并非一蹴而就,周有光在研究世界各国的语文新发展后提出了真知灼见。

周先生说:"二战"以来,世界各国的语文都发生了很大的变化。了解和研究世界各国的语文新发展,是宏观社会语言学的一个常见课题。中国应当参考世界各国的经验,根据中国自己的具体情况,实行有利于国家现代化的语文政策。

周先生说:100多个新兴国家,独立之后的第一件大事,就是规定国家的共同语,作为行政和教育的工具。文明古国都有历史悠久的语文。到了信息化时代,为了适应时代的要求,为了减少语文的学习困难和增进语文的学习效率,都进行了各自不同的语文更新。周先生还告诉我们:新语言需要写成新文字。采用哪种字母书写新文字,成为重要的抉择。"二战"之后,掀起一个拉丁化的新浪潮。所有新创的文字,无例外地都采用拉丁字母。有些旧文字也改用拉丁字母。不用拉丁字母的文字,也规定了拉丁字母拼写法的国际标准,作为技术符号,在国际互联网络上使用。一个"书同字母"的时代正在悄悄形成。在研究世界各国语文新发展的时候,周先生还特别阐明了两个十分重要的问题。第一,现代是双语言时代。"二战"后独立的新兴国家,在语言工作上,它们面对两项任务:一方面要建设国家共同语,另一方面要使用国际共同语。日常生活和本国文化用国家共同语,国际事务和现代文化用国际共同语。文化和发达的国家,早已实行了双语言。从双语言的水平,可以在一定条件下,测知国家现代化的程度。第二,英语是事实上的国际共同语。英语是国际政治、贸易、科技和旅游的主要用语,是全世界大多数国家的第一外国语。它不仅没有阶级性,也没有国家的疆界。今天,世界进入全球化时代,任何国家如果不能进入国际竞争,就有落后和失败的危险。要想进入国际竞争,在语言上需要学习事实上的国际共同语:英语。英语是一条大家可走的世界公路,谁利用它,谁就得到方便。

制定拼音方案首先要解决的是采用什么样的字母。新中国成立初期,知识界——包括语言文字学界,对世界字母的情况所知不多。周先生为了给选择字母提供参考资料,编写了《字母的故事》这本书。周先生在书中告诉我们:拉丁字母是世界最通用的字母,是国际文化交流的共同工具。在文字的结构上,它是最进步的音素(音位)制度;在字母的形体上,它是最简明实用的符号;在语音的表示上,它有非常广泛的适应性。它有这些优点,所以它能够活跃地生活在日益众多的民族中间。拼音方案委员会起初采用民族形式的字母设计方案未能成功,最终采用了拉丁字母,历史证明这是完全正确的。这个选择固然体现了国家领导人的远见,而周先生的推荐介绍也是功不可没的。拼音方案既然采用了拉丁字母,就必须采用音素制的音节结构,而不应该采用双拼制(如反切)或三拼制(如注音字母)。既然采用了拉丁字母,在字母和音素的配合上,就必须遵守使用拉丁字母的国际习惯。但是拉丁字母毕竟是外国字母,让它和汉语音素相配合,其中就有许多具体问题要研究要处理。周先生对这些问题做了深入的研究,提出了许多切实可行的解决建议。周先生提出了汉语拼音三原则,就是:口语化、音素化和拉丁化。口语化:拼写规范化的普通话。音素化:按照音素(音位)拼写音节。拉丁化:采用国际通用的拉丁字母。为了解除人们对《汉语拼音方案》的误解,周先生还阐明了《汉语拼音方案》有"三不是":第一,不是汉字拼音方案,而是《汉语拼音方案》;第二,不是方言拼音方案,而是普通话拼音方案;第三,不是文言拼音方案,而是白话拼音方案。周先生的这些意见进一步明确了《汉语拼音方案》的性质。

《汉语拼音方案》主要规定了汉语音节的拼写法,还缺少汉语词语的拼写法,因此还必须制订汉语拼音正词法规则。早在 20 世纪 50 年代,周先生就对汉语拼音正词法做了研究。1982 年中国文字改革委员会成立了汉语拼音正词法委员会,负责拟订《汉语拼音正词法基本规则》。周先生是这个委员会的副主任,参与领导正词法基本规则的研制。在这个时期,周先生发表了《汉语拼音正词法问题》《正词法的性质问题》《正词法的内在矛盾》等论文,这些文章解决了正词法研制中的基本理论问题。1988 年国家教委和国家语委联合发布《汉语拼音正词法基本规则》。周先生十分关心《汉语拼音方案》的推广和应用,他发表了解说和教学《汉语拼音方案》的多篇论著,积极向社会宣传普及汉语拼音知识。他积极提倡汉语拼音用于语文教学和序列索引,他热心指导供聋哑人使用的以《汉语拼音方案》为基础的汉语手指

字母的设计,他大力支持黑龙江省开始的"注音识字,提前读写"小学语文教学改革实验。周先生还指出汉语拼音是全球化时代的文化穿梭机,可以用来促进国际文化交流;在中文信息处理方面,利用汉语拼音输入汉字的"拼音转变法"使计算机普及千家万户,促使中国早日进入信息化时代。(原载于《周有光文集》第 1 卷第 1 页至 15 页,中央编译出版社 2013 年版)

从苏培成与周有光的交往中,我们看到了周有光对汉字发展的"前世今生"发展脉络非常有研究,周有光的学术成就让人敬佩,周有光致力于让汉字、华语走向世界的愿望体现了他的社会担当与历史使命感。

语言文字应用现代化

王建华,1956年生,江西东乡人,文学博士,教授,北京语言大学、华中师范大学语言学和应用语言学专业博士生导师,浙江科技学院原党委书记,浙江省政务新媒体研究院院长,浙江省重点学科(汉语言文字学)学科带头人,第十一届全国人民代表大会代表(2008—2013)。浙江大学周有光语言文字学研究中心特聘研究员。

交往录

王建华与周有光的交往始于2008年,二人因书结缘,王建华聘请周有光做顾问,曾去过周有光的书房交谈。那时候周有光104岁,思维非常清晰,口齿也很清楚,只有耳朵略有不便。给王建华的印象是非常睿智,看得非常深远。礼尚往来,2010年周有光将《朝闻道集》送给王建华,并写上"时年一百零五岁"。

王建华在浙江大学周有光语言文字学研究中心成立大会上说:"浙江大学也做了一件非常有远见卓识的工作,成立这样一个研究中心在全国是第一家,能够在这里创立一个中心对周有光先生的思想、学问、道德、人品,包括他的家国情怀、世界眼光,对人类命运、人类前途的一种忧虑,一种展望和一种寄语都是传承。今天周有光先生研究中心的开启我认为是非常有意义有价值的事情。周有光先生在我们学界,不光是语言学界、经济学界,在整个学术界的影响和地位是值得我们认真学习,认真研究和认真传承的。"

王建华认为对周有光的研究要学习他的一种精神,一种博大的胸怀,一种前瞻的眼光,还有一种风气,以及与时俱进的一种品格。

今天我拿来了周有光的一本口述《朝闻道集》书,这是他2010年的时候送给我的,他专门写上"时年一百零五岁"。五年过去了,这本书我也认真读过,我感到像他这样深邃的思想,用这样简练的语言表述出来,对我们语言学界来说,从研究对象上给我们提供了非常有价值的研究范本。刚才苏培成教授说,周有光提倡"语文现代化"主要体现在语言文字应用的现代化上,我觉得的确是这样。那么语言文字应用怎么样现代化,周有光自己的文本实际上就是很好的研究对象。他"语简"却思想深刻,可不可以对其语言表达的风格做一个专题研究,我认为这是有可为的。再比如语言文字应用的现代化在当今最大的一个特征,就是在互联网时代语言文字应用如何现代化。这个是我们语言学界包括整个社会都在关心的问题。

周有光非常重视语言文字的应用研究,王建华教授也在浙江大学周有光语言文字学研究中心成立仪式暨语文现代化高峰论坛上举了语言文字应用现代化的例子。

在当今的互联网时代语言文字应用存在很多问题,比如说网络语言的问题,网络用词哪些是好的哪些是不好的。语言文字在社会上产生的正能量、正效应、负效应都会成百倍地放大,对于我们语言文字工作者来说是有责任担当的。比如国家语委每年评的十大流行语,年度字、年度词,这些都是很有影响力的,通过网络的平台大家共同参与。有一次是让我去做流行词的嘉宾讨论,我就提到无论是流行语还是流行词都是要传递正能量的,有些词还要注意内涵和政治色彩。现在我们浙江科技学院正在成立一个政务新媒体研究中心,处理政府在新媒体里的语言表达,处理政府公关危机,树立良好的政府形象。我想这些也都属于语言文字应用现代化的几种应用之一。(王建华《语言文字应用该如何实现现代化》,据浙江大学周有光语言文字学研究中心成立仪式暨语文现代化高峰论坛的发言稿整理)

通过王建华与周有光的交往,我们看到了一个和蔼可亲、乐于助人、做学问严谨踏实、重视应用性的周有光。

弘毅的士子

王荣泰,1949年生,江苏常州人,中国剪报社原社长,高级编辑,高级经济师。曾任中共常州市委工交政治部巡视员,常州市经济委员会工业经济研究室主任,国家信息中心媒体联合委员会主任,中国剪报社总编辑,《特别文摘》杂志社社长,《财经界》杂志总编辑等,兼任中国报业协会集报分会会长,中国报业书画艺术研究院常务副院长,南京师范大学新闻与传播学院兼职教授。

交往录

王荣泰与周有光因访谈而交往,《111岁如是我闻:周有光访谈录》便是二人合作完成的成果,王荣泰多次聆听周有光畅谈往事、阐发观点、抒发情感。他将与周有光10多年交往的点滴,以一问一答的形式归纳整理周有光的真知灼见。该书约26万字,全面展示了周有光的传奇生命历程和丰富精神思想。王荣泰在传播周有光思想、事迹方面作出了重要贡献,让我们可以感受周有光的魅力。

据王荣泰介绍,周有光50岁转行语言文字工作,因为一股"建设新中国"的社会责任感。

　　1955 年，周有光根据国家需要开始专职从事语言文字研究，任中国文字改革委员会研究员，参加拟定《汉语拼音方案》，建立了汉语拼音系统。此外，他还担任中国社会科学院研究生导师，并在北京大学、中国人民大学等校授课。几十年来，周有光一直致力于推进语文现代化进程，1961 年出版的《汉字改革概论》，全面系统地论述了中国文字改革的理论和实践问题，从而奠定了大学教材的基础；此后又陆续出版了《字母的故事》《世界字母简史》《中国语文的时代演进》《中国语文纵横谈》《文化畅想曲》《比较文字学初探》等 30 余部著作，其中《世界文字发展史》被列入"世纪文库"，《语文闲谈》被列入"中国文库"。周有光 50 岁的时候才离开银行界和经济学界，转行从事语言文字工作，成为著名语言学家，并取得了卓越的成就。在接受中央电视台主持人崔永元的访问谈及自己当时是否愿意改行时，周有光说："我很满意，因为什么呢？那时候一个思想，叫建设新中国，哪里需要就到哪里去。我就服从这样一个原则，需要我那就很好，因为经济学教授上海多得很，而语音文字这一行，人的确很少，所以我就改行了。我就是这样一个原则，既来之则安之，来了以后我就把经济学完全丢开，规规矩矩地学语言学和文字学。"（周有光、王荣泰《111 岁如是我闻：周有光访谈录》，新华出版社 2015 年版）

　　语言文字与经济学如此不搭边的两个学科，周有光却都成为两个领域的佼佼者，其中的原因是什么呢？

　　在《周有光百岁口述》里，周有光提到自己在大学接受的是博雅教育，或叫"通识教育"，即培养基础知识和独立思考的能力。他认为在学校里最大的收获就是学会了怎么自己学，学会了独立思考，学问是要自己学的。老师只不过指示道路给学生。"通识教育对我的好处，就是在学校里面选的课程比较广，同时学到了怎么样自修的方法，有这两点要改行就不大困难了。"（周有光、王荣泰《111 岁如是我闻：周有光访谈录》，新华出版社 2015 年版）

　　周有光非常谦虚，不愿意接受"汉语拼音之父"的称号，但是一心扑在上面三年，心无旁骛，这种韧劲也让人赞叹不已。

　　周有光在语言学方面的卓越建树，对中国文字改革的巨大贡献，学界和坊间众口一词，赞誉有加。但是近年众多媒体一味尊其为"汉语拼音之父"，他却敬谢不敏，诚道"不敢当"。他说，创造新中国《汉语拼音方案》的是一个委员会，包括 15 位高级专家，而非某一个人；当然具体工作，"由三个人来做：叶籁士、陆志韦和我。叶籁士兼秘书长，比较忙；陆志韦要教书，还兼语言所的研究工作；我呢，离开了上海，没有旁的事情，就一心搞这个。我们三人起草了第一个汉语拼音文字方案"。他认为,即使新的《汉语拼音方案》,这里也凝聚着100年来有志于此的众多先驱者的心血。然而,周有光在编制《汉语拼音方案》的团队里,一人别无旁骛,一心搞这个事情,"26个字母干了3年",说他是其中"主将",不会有异议。

成型的《汉语拼音方案》,是中国官方法定文件,具有法规性质,由全国人民代表大会于1958年批准公布,经周有光代表国家在相关国际会议上提议,国际标准化组织1982年承认其为拼写汉语的国际标准。今天,凡是中国人,以及学习和使用汉语的外国人,谁也离不开这个方案规定的拼音法,联合国也要用它。它不仅是中国的,也是世界的,开辟了汉语和中国文化走向国际社会的一条便携通道。仅从这一点看,周有光其名,将彪炳青史。(周有光、王荣泰《111岁如是我闻:周有光访谈录》,新华出版社2015年版)

周有光的许多著作通俗易懂,受众面广。因为他一直以普及先锋文化工作为己任。

周有光关于语言文字方面的众多专著及论述广为人称道,其中有不少通俗解析词语的袖珍文章和随笔小品,俏皮灵动,谐趣横生,如《现代文化的冲击波》《全球化时代的世界观》《华夏文化的复兴》《文化畅想曲》《新时代的新语文》等等,从书名或文章标题看,都涉及当今人们十分关注的重大和热门话题。谈及为什么要写这些命题庞大、内容却深入浅出的著作和文章,他打趣说,"尝试拍摄一张张抽象主义的微缩照片"以便利人们"记住"有关这些前卫问题的"最简单的轮廓印象"。即使说,这位饱学之士仍自觉地做先锋文化的普及工作。(周有光、王荣泰《111岁如是我闻:周有光访谈录》,新华出版社2015年版)

周有光是一位具有历史使命感的学者,为了中外交流合作参与多种百科全书式的著作编写,也使得他自己更加具有全球化视野,"周百科"当之无愧。

中国改革开放初期,为加强中外经济文化交流,通晓四国语言的周有光,又受邀参与英文《不列颠百科全书》的汉译,为中方三位专家之一。周有光曾历任《简明不列颠百科全书》中美联合编审委员会中方委员、《中国大百科全书》总编辑委员会委员、《汉语大词典》学术顾问和日文《不列颠国际百科全书》国际学术顾问等。"百科全书"被称为"没有围墙的大学",编译这样的典籍无疑是一项艰巨的工程,不论对于多么有名的学者来说,都是一个学习、重温百科知识的过程。而对于周有光,也许正是这一工作激发了研究全球化、信息化、语文现代化和世界多国文化的热情,使晚年的学术生活在更广阔的领域大放异彩,从而成就了一位堪称百科全书式的杰出学者。(周有光、王荣泰《111岁如是我闻:周有光访谈录》,新华出版社2015年版)

"那时候一个思想,叫建设新中国,哪里需要就到哪里去。"周有光的这句话可谓道尽了那个时代的有志之士做事充满激情的缘由。周有光半生都奉献给了语言文字工作,致力于制定《汉语拼音方案》,致力于普及化工作,致力于通过语言促进我们国家更好地发展。

语言研究需要历史文脉与世界眼光的结合

王云路,女,1959年生,辽宁大连人。1992年获博士学位。1985年起在杭州大学(后与浙江大学合并)工作,1996年评为教授,1998年评为博士生导师。2006年获国务院政府特殊津贴,2009年评为国家二级教授。现为浙江大学敦和讲席教授、浙江大学求是特聘教授、浙江省特级专家、教育部长江学者特聘教授、第八届国务院学科评议组成员。现任浙江大学古籍研究所所长、浙江大学中国语文研究中心主任、浙江
大学人文学部学位委员会主任,《汉语史学报》主编、《中国训诂学报》主编、中国训诂学研究会会长、中国语言学会副会长等。

交往录

王云路与周有光的交往缘于浙江大学周有光语言文字学研究中心的成立,缘于二人相同的语言学者的身份,缘于对语言文字工作的热爱。

2016年,王云路第一次拜访周有光,当时与浙江大学罗卫东副校长一道去北京,为周有光111岁华诞致敬道贺。虽然因为交通状况而晚点,周有光在客厅久等了接近一个小时,但是他依旧乐呵呵的,说难得出来坐坐,见到老朋友很高兴。周有光就是这么一个脾气好、一点架子也没有的人。接着王云路向他汇报了中心工作,周有光竖起了大拇指表示赞赏,说浙江大学是

座好学校。(王湛、陈瑜思《周有光想与这个世界谈谈》,《钱江晚报》,2016 年 1 月 14 日)

其实,周有光与浙江大学的缘分早在他青年时期就已经开始了。1932 年,周有光与张允和在之江校区开始了一场两情相悦的恋爱,周有光曾说:"杭州地方比较小,又方便,附近又好,我们周末到西湖玩,西湖是最适合谈恋爱的。"

周有光跟浙大有比较深的渊源,他和夫人张允和女士曾在六和塔下的之江校区谈过恋爱,对杭州西湖、对钱塘江、对浙大都有较深的感情。(据浙江大学周有光语言文字学研究中心成立仪式暨语文现代化高峰论坛的发言稿整理)

近现代进入信息化时代,中文信息处理成为重要一环。周有光当年采用拉丁字母制定《汉语拼音方案》大大提高了信息化处理的效率,为中国走向世界铺好了道路。他是《汉语拼音方案》的主要研制人,汉字作为世界上最古老的文字之一,现在又焕发出新的生机,王云路教授也曾强调过周有光在这方面发挥的重大作用。

汉语有无穷的魅力,有旺盛的创造力,我们学习、研究汉语的人对这一点应当都有体会。所以到现在为止,我都深深地觉得汉语是世界历史上非常宝贵的文化遗产,因为直到现在它还在发挥着巨大的作用,拥有极强的生命力。迄今为止,汉语依然是作为母语使用人数最多的语言。随着中国国力、地位的提高,汉语会发挥越来越大的作用,我想今后汉语也会成为继英语之后世界通用的科技语言,地位会越来越高。汉语有着这么重要的历史地位和学术地位,不仅是将其作为母语的中华民族在用,海外华人在用,而且很多与我们有文化或经济往来的国家和人士都在用。那么怎样将汉语更好地推向世界,在这方面,今天我们会议真正的主人公——周有光无疑是发挥了极大的作用。他作为制定《汉语拼音方案》的主要执笔人之一,在推动汉语走向世界的进程中扮演了非常重要的角色。我们今天的电脑输入,一个主要的方法就是汉语拼音。当我们在学习汉语拼音或采用拼音法输入时,不能忘记周有光等老一辈学者为之付出的努力和前瞻性思维。(据浙江大学周有光语言文字学研究中心成立仪式暨语文现代化高峰论坛的发言稿整理)

王云路说她在两个方面非常敬佩周有光,一是他用"世界眼光"看问题的"世界视野",二是他驾驭语言的能力。

他用"世界眼光"看问题的"世界视野",这一点是最令人钦佩的。他既视野开阔,又善于以简驭繁,很多难题到他那儿就云淡风轻,变得简单。其实世界眼光是要以深厚的历史积淀为前提的,没有对中国和世界文明发展趋势的总体把握,就不可能有弘通的学术视野,不会有识见、卓见和判断力。因此,我们学习和研究周有光,就要学习他的世界眼光和历史眼光。他主张从世界看中国,还有一点就是从古代看今天。因为如此,周有光才能够与其他学者一道,制定《汉语拼音方案》,在汉语的现代化、走向世界方面发挥了重要作用。另一个我十分佩服的方面,就是周有光驾驭语言的能力。他的文章都短,我们用一段、一页来表达的内容,他往往只用一两句话就表达清楚了。为什么他的文章能用既平实而又非常简练的语言把某个道理和知识讲得那么透彻?我想,这是因为周有光的识见和洞察力远超常人,这是作为语言研究者我最初钦佩周有光的地方。等后来罗校长给了我这个活儿,我拜读了周有光的书,是越看越钦佩。所以我想周有光的研究能够得到大家的支持和肯定是相当有道理的。(据浙江大学周有光语言文字学研究中心成立仪式暨语文现代化高峰论坛的发言稿整理)

王云路认为研究周有光是一件十分有光的事,不仅有利于语言学的发展,也有利于人身心的发展。

研究周有光是件十分有光的事情:对语言学有好处,对汉语研究有好处,甚至对大家的身心健康都有好处。从最基本的、刚才几位说到的快乐人生来说,能够研究好周有光,可能也会使我们修炼到一定程度。我们达不到周有光这样人瑞级别的长寿,起码对改善我们的生活质量、延年益寿也会有好处。也体现出研究者的社会关怀、人文情怀。

教育部任命的周有光研究的秘书郭老师,听说我们有这个会专门赶来。郭老师刚才给我看了今年三月份教育部聘用郭老师为周有光学术秘书的聘书。还有一个材料讲周有光被教育部内部评为"健康之星",我说周有光也可算是全国语言学界的"健康之星",乃至全国学界的"健康之星"。所以研究周有光我们是有光的,很幸福。(据浙江大学周有光语言文字学研究中心成立仪式暨语文现代化高峰论坛的发言稿整理)

王云路致力于将周有光语言文字学研究中心打造成一个语言现代化的平台,打造成一个高端的语言学研究中心。正如她在浙江大学周有光语言文字学研究中心成立仪式暨语文现代化高峰论坛上所说:

向前瞻望中国语言学的未来,向后采撷现代语言学家们的累累果实。结合当代语言学理论,使汉语的研究更具科学性。数往知来,才能百尺竿头,更进一步;东西结合,才能立足本土,放眼世界。我们周有光研究中心第一步的研究对象应当是周有光的语言文字学,以后希望有更大的发展。从语言文字学入手,我们可以扩展到研究周有光同辈的一些著名语言学家上,比如周有光的老乡赵元任等。

王云路提出了两点值得注意的方面:一是关注现当代语言学家,二是关注语言学发展的最新走向。

第一点,关注现当代语言学家。我们纪念周有光,不仅是因为周有光对语言学、对《汉语拼音方案》的贡献,也因为他是近百年来语言学界诸多璀璨若星辰的名字的代表。当我们把目光投向周有光的家乡常州,那一条悠悠的青果巷,不仅仅走出了周有光,还走出了故宫博物院开创者吴瀛、剧作家吴祖光、语言学家赵元任、革命先驱瞿秋白、民国七君子之一史良、民族工业开创者刘国钧等文化名人。而当代语言学家吕叔湘,也是毕业于常州中学的。《常州赋》云:"入千果之巷,桃梅杏李色色俱陈。"其实我们也可以说:"入千果之巷,学者名士色色俱陈。"如果把目光转向更辽阔的中华大地,又有多少语言学家呢!

因此我们的高端论坛,不仅要纪念周有光先生,更要关注他们那一代语言学家的思想。钱玄同、刘半农、夏丏尊、赵元任、李方桂、罗常培、王力、吕叔湘、饶宗颐、周祖谟……这些章太炎、梁启超以来的语言学大家,都是值得我们好好学习和研究的。

第二点,关注语言学发展的最新走向。我们关注周有光的语言学思想,也要关注语言学科发展的前瞻性问题。周有光在《朝闻道集》中说过:"信息化时代,信息技术穿透各国的国境界线,全球化一往无前。全球化改变了人们的观点和立场,过去从国家看世界,现在从世界看国家。""从世界看中国"这是周有光的名言。周有光正是用他的全局观念、世界眼光和当代意识,去看待问题,解决问题。(据浙江大学周有光语言文字学研究中心成立仪式暨语文现代化高峰论坛的发言稿整理)

周有光在上海圣约翰大学读书时,接受的是通识教育,也受到了西方文化的熏陶,所以周有光后来看待问题具有世界眼光。王云路进一步想到了如何在前辈的肩膀上看得更远,如何在当今时代让汉语走向世界。

迄今为止,汉语依然是世界上作为母语运用人数最多的语言。所以随着中国国力、地位的提高,汉语会发挥越来越大的作用,我想以后汉语也会成为继英语之后世界通用的科技语言,汉语的地位会越来越高。汉语有这样重要的学术地位,确实不仅是作为母语的中华民族在用,世界上很多地方的人包括海外华人都在用。周有光结合汉语的实际,真正做到了汉语国际化。而在当今"地球村"的背景下,语言学研究如何与世界接轨,如何继承和发扬周有光的思想,拥有全局观念和世界眼光,这是值得我们思考的。在当今的世界环境下,汉语的地位一定是越来越重要的。周有光的切入点在汉语拼音和语言现代化,虽然在座各位学者的所专所长不一样,但是都可以学习周有光看待问题的角度和方法,联系传统语言学与现代语言学,关注自己所研究领域的前瞻性话题,推动汉语走向世界的进程。(据浙江大学周有光语言文字学研究中心成立仪式暨语文现代化高峰论坛的发言稿整理)

同时王云路还指出历史文脉的重要性。

我们还要有历史的眼光。我相信历史的眼光对于研究中国语言文字是非常重要的,历史不能割断,要传承下去,汉语的文脉同样不能断。(据浙江大学周有光语言文字学研究中心成立仪式暨语文现代化高峰论坛的发言稿整理)

周有光一直都是温和可亲、没有架子的人,对于浙江大学周有光语言文字学研究中心的成立,他说"有研究总比没研究的好",对中心表示极大的支持。

王云路指出浙江大学周有光语言文字学研究中心要真正做好工作,需

2016 年 1 月王云路代表研究中心亲抵周有光家中贺寿并向周老介绍浙大周有光语言文字学研究中心工作

要依靠大家的力量，这既包括我们学校的力量，更有海内外专家的力量，只有这样，才能够把周有光的研究深入持久地进行下去。这是我们每一个语言工作者的责任，也是我们献给周有光最好的礼物。

拼音教育的指路人

熊怀苑，女，1943 年生，广东省梅州人。1965 年毕业于华南师范学院外语系。1995 年起在香港教育学院中文系全职培训中小学普通话教师，多年从事汉语拼音教学工作，组建了"香港拼音优化教学促进会"并任会长，著有《汉语拼音优化教学实验教材》。

交往录

熊怀苑与周有光因汉语拼音教育而结缘，2001 年周有光力排众议，对熊怀苑一篇关于汉语拼音的文章大加赞赏，2004 年二人第一次见面，交谈过后，熊怀苑请周有光为她写一篇序言，周有光欣然答应，从此二人便开始了密切的交往。

熊怀苑说周有光是她心目中的导师和旗帜，为香港推广普通话作出了重大贡献。

周有光在香港语文学界享有盛名，是我们心目中的导师和旗帜。周有光为香港语文现代化的建设、共同语普通话的推广所做的无偿奉献有目共睹。而引领我们推广拼音文化的教育则是其中的一个侧面。

香港中国语文学会、香港普通话研习社和香港拼音优化教学促进会这三个团体,无一不是在周有光具体支持、引领下成长壮大起来的。语文学会和普通话研习社在周有光等专家学者的参与带领下,披荆斩棘,走过了40年的漫长道路(后起的拼音优化教学促进会也经历了十多年磨炼),成为香港语文教育事业健康发展的重要推动力量,得到香港社会广泛的认同与支持。业界的同仁对周有光等一批前辈心怀感激和敬仰。

熊怀苑曾回忆过自己在香港推广普通话的历程,其中提到周有光对她帮助很大,周有光是一个关爱后辈、心系祖国的"大写的人"。对于熊怀苑在香港开展推广普通话,周有光一开始就鼓励她,支持她成立国际基础华文研究院,通过公益活动大力推广中文,使得她后来一直坚持下去。

促进会成立之前,我在香港教育学院中文系任教,专职培训普通话老师。教学中接触了汉语拼音,对它产生了兴趣,开始探讨如何帮助教师解决拼音教学中的疑难问题。其中一篇文章"关于《汉语拼音方案》字母名称的一点思考"(与关宇虹合写)刊登在《语文建设通讯》(2001年6月第67期),引起了非议,使我困惑。没想到同年9月该刊第68期就刊登了周有光的文章,他肯定了我们,周有光甚至说对两位作者"非常钦佩",认为"这是一篇经过实践经验和深入思考的好文章"。还把我们提出的字母名称以"熊关名称"和其他已有的名称放在一起作为资料,供大家参考。

离开教育学院之后,我曾担任普通话研习社的顾问和《香港普通话报》主编。根据自己的认知和经验,充满期待地向社会提出建议:以汉语拼音来提高普通话的教学效能。可惜孤掌难鸣,反应冷淡,在香港这块缺失拼音元素的教学园地中举步艰难。

周有光在《语文建设通讯》(香港)2003年第74期期刊上发表了"全球化时代的文化穿梭机"——纪念《汉语拼音方案》公布45周年。文中他写道:"《汉语拼音方案》的作用不断扩大,人们对它的历史意义渐渐了解。""21世纪是全球化加速前进的世纪,中国文化在全球化时代将进一步走向世界","《汉语拼音方案》这个全球化时代的文化'穿梭机'将在21世纪担负起更加重要的历史使命"。他的这些话语加深了我对拼音的认识和对推广拼音的责任感。决心勉为其难也要坚持拼音教学的方向,就与志同道合的香港同仁,在促进小组的基础上,明确宗旨,于2003年注册成立了非牟利学术社团"香港拼音优化教学促进会"。邀请周有光、袁钟瑞、卜兆风、盛玉麒等国内专家教授和本港的学界领军人物何国祥、施仲谋、曾子凡等专家学者为我会的顾问。使我们喜出望外的是,他们全都乐意接受聘请担任顾问,特别是周有光，不单迅速回复，表示乐意接受聘请，还在回条上亲笔题写了"拼音是一国两制的桥梁"十个大字。这一题词坚定了我们在香港推广普及拼音教学的信心。从此以后，我们便在众多专家学者的关心指导下，立足香港教师中心，为探讨拼音优化教学的方法这一既定的目标一步一步地往前行。周有光对促进会的关爱、扶持和引领体现在促进会成长的各个阶段。回忆起来，历历在目：

2004 年，我和促进会的另外两位老师带领学生到北京参加孙敬修杯少儿讲故事比赛，赛后去拜访我们的首席顾问周有光。第一次拜见德高望重的大师，难免心中忐忑，但周老热情的接待、亲切的交谈冰消了我们的紧张心情。临别前，我鼓起勇气，拿出自己在培训师资的教学实践中总结出来的书稿——《汉语拼音优化教学实验教材》请他审阅，提些意见或写个短序，他满口答应。更令人意想不到的是，我刚回到香港不日，就收到他寄到香港教师中心的两封信和序言。信中周有光写道：怀苑女士，小叙甚欢。又叮嘱说序言不要勉强采用。如有不当，他会修改等等。他写的序言言简意赅：

拼音是一把钥匙，用它可以开启普通话的大门，通向中国文化的宝库。拼音是一座桥梁，经过它可以进入中文电脑网络，沟通中西文化。学习拼音本来不难，有了"优化教学实验教材"就更加容易，可以轻松地逐步提高，学得又快又好。熊怀苑女士的拼音优化教材是拼音教学的一盏明灯。

对此，我简直不敢相信自己的眼睛！这些话岂止是序言，更是长辈对晚辈的教导和重托啊！我心潮澎湃，却又惴惴不安，思前想后，只有下定决心，更加努力去探讨学习、去实践分享，把拼音文化在香港推广开去，才能不辜负周有光的殷切期望。

从此以后，我和促进会的老师们便有更多的机会接触周有光，当面向他请教。我们每次去拜访他，他都循循善诱，并总有新作赠送给我们学习，《语文闲谈》《一生有光》《语言文字学的新探讨》《汉语拼音文化津梁》《百岁新稿》《百岁忆往》《世界文字发展史》《孔子教拼音》……使我们满载而归，他的著作成了我们丰富的食粮。

2006 年底，冯志伟、袁钟瑞、高玉华和我聚集在周有光家，商量我们如何配合教育部为迎接《汉语拼音方案》公布实施 50 周年而举办的纪念活动，他们建议我筹建"香港语文现代化学会"与内地的"中国语文现代化学会"相连接，把周有光提倡的语文现代化的理念在香港加以推广，让更多的香港同仁加入中国语文现代化的建设中来。周有光签名自愿担任该会的名誉会长，担负起引领我们的责任。回到香港，我便积极联络了语文学界的有心人冼锦维、鞠爱篱、胡维尧、周文骏、陈小荔等老师，冯教授来港讲学又推荐了陆勤教授来加入其中，成立了"香港语文现代化学会"，与"香港拼音优化教学促进会"紧密合作，携手共进；一起参加"中国语文现代化学会"两年一次的学术研讨会，带着问题去学习、带着心得去分享；又积极参与香港教师中心一年一度的课程改革教育会议，为香港的语文现代化、推普推拼音的语文课程改革引进内地的先进教学理念和经验，结合本港实际教学探讨和磋商，十多年来从未间断。

2008 年，为宣扬拼音在语文教学和信息处理等方面的重要功能，配合国家庆祝《汉语拼音方案》公布实施 50 周年，我们创办了"全港拼音大王选拔赛"，并有幸应邀出席了教育部语用司在北京举行的"汉语拼音教学国际研讨会"，会务组指派我为基础教育组的召集人之一，还把《汉语拼音优化教学实验教材》一书作为拼音教学资料发送给每一位与会者。本人则在会上发表了"汉语拼音优化教学的设计与研讨——兼谈完善《汉语拼音方案》的点滴建议"一文，寄望抛砖引玉，为提升拼音教学的效能集思广益。

周有光不止一次地强调过，他的语言文字工作的出发点和落脚点是开发民智，提升民智。不单要使得中国的小孩子、中国的文盲能够利用这个工具认字，走进中国的文化宝库；也要方便华侨华裔和外国人学习中国文化。所以，在全球"华语热"的浪潮中，周有光又明智地提出了"基础华文"的倡导。他在倡议书中明确指出："基础华文"是"千字文＋拼音"，是为五千万华

熊怀苋女士的拼音优化教材

是拼音教学的一盏明灯。

周有光

2004-09-01

时年 99 岁

取自《汉语拼音优化教学实验教材》

裔和海外华人设计的一种简易华文,作为他们进入华夏文化宝库的第一个台阶,方便他们用较少的时间得到较多的华夏文化的享受……(熊怀苑《周有光是香港推广拼音文化教育的引领者》,《文化学刊》,2016 年第 1 期)

熊怀苑与周有光的交往始于汉语拼音教育推广,周有光对后辈的关爱与支持,使得熊怀苑多年来一直从事这方面的工作。二人的交往也促进了内地与香港的密切交流,正如周有光所说:"这是一国两制的文化桥梁。"

2004 年,熊怀苑(右一)在周有光家中听取周老(左二)和冯志伟教授(右二)介绍中国语文现代化学会的宗旨和理念(左一为当时驻联合国的英文翻译吴文超)

(取自《组图|百年只在弹指间:拼音之父周有光人生掠影》,搜狐文化,2017 年 1 月 15 日)

仁者与智者的结合

徐庆全,1962 年生,山东烟台人。原《炎黄春秋》总编辑,现北京大学中华人民共和国史研究中心研究员。1986 年曲阜师范大学历史系本科毕业,1989 年首都师范大学历史系硕士毕业,留校工作,研究方向为敦煌吐鲁番出土文书。1994年 3 月调到《炎黄春秋》任编辑。1996 年参与创办《百年潮》杂志,1998 年调入中共中央党史研究室工作。著有《知情者眼中的周扬》《风雨送春归——新时期文坛思想解放运动记事》《让思想飞——我所

认识的耆老》等书。编有《周扬新时期文稿》《中国经验——改革开放 30 年高层决策回忆》《亲历 30 年》。

交往录

2009 年 12 月 31 日,徐庆全前去采访周有光。在周有光家 9 平方米的书房里聊经历、聊历史、聊世界。此后开始交往,并记录周有光的历史和思想历程。周有光不仅成为《炎黄春秋》的作者,而且参加刊物的座谈会,二人相交甚深。

徐庆全因《炎黄春秋》与周有光结缘。据他自述:

作为周有光孙子辈的人,我有幸和周有光有过一次谈话,此后数次见过,也聆听过他的讲话。他的著作《拾贝集》等也赠送给我,读他的作品也算比较多。

2009年12月,我和周有光约好去拜访。周有光说他喜欢和年轻人交谈,很爽快地就答应了。谈话的地点在9平方米的书房兼客室,话题当然从《百岁新稿》开始的。周有光说,《百岁新稿》是我90岁到100岁之间写的,其中,有的文章是我看了很多书后写的,有的文章是杂志邀请我写的。我把几十年的历史压缩,把最基本的东西写出来,没有添加评论。用诸如此类的写法,在很短的文章里,实际上提出了很多重要的问题。我不是简单地提出答案,我是提供一个大的历史背景,从历史背景我们就可以看到为什么有的国家发展得"快而好"。

周有光说:"因为我们这一代人是在一个动乱时期,历史的动乱不是很简单的道路。它有弯弯曲曲的,可是方向是一样的。我说我现在年纪老了,研究问题力不从心了,我说历史像一条河一样,河的上面有波浪,这个波浪受风的影响,一下子往东,一下子往西。你在这个波浪里面生活,弄得眼花缭乱,弄不清楚。我现在不研究河流上面的风浪,我研究河流下面的潜流,潜流比较稳定,它的方向比较明白。我就是研究这个潜流,根据潜流,我假定一个理论,就是我自己认为可以讲得清楚的,就是整个人类前进轨道是怎么回事。"(徐庆全《仁者智者周有光》,《有光一生 一生有光——庆祝周有光先生茶寿文集》,金钥匙华文出版社2014年版)

周有光是仁者与智者的统一。

周有光是百八翁,生命历程长长的。按照中国人的习惯,大到国家的大历史,小到个人的小历史,总喜欢分出个阶段来。其实,在历史上,像周有光这样人生经历的人有很多。像沈从文、钱端升、茅以升、冯友兰、陈寅恪、盛振为、朱光潜等等,1949年以前,他们基本上是游离于国共两党政治之外,以自己的学识为祖国服务。他们所相信的一点是,不管是哪个党执政,他们的学识对祖国来说都有用。1949年时陈寅恪、盛振为等选择留在大陆是这样的考虑,同样,像周有光等人选择从海外回到中国,也是这样的考虑。

这是一个庞大知识分子群体,而且有别于像李普、李锐、胡绳、李慎之等等那个群体。

在《百岁口述》中,周有光对自己的历程有过总结,"1988年对我是一个分水岭"。那就是说,周有光是把自己的人生分为两节的。

前一节，周有光是在经济和文字改革专业领域耕耘，属于典型的"技术性知识分子"；后一节呢，周有光说："1988年以后可以分为两个阶段，第一个阶段就是把我的研究工作一点一滴搞一个段落；第二个阶段就是随便看东西，写杂文。"基本上脱离了"技术性知识分子"这个群体，成为有真知灼见的"人文知识分子"中的领军人物。萨义德曾对知识分子有个划分：一种是敢于对权势说真理的人；一种是从专业的围墙漂流出来的关怀社会、关心民瘼的"业余人"。周有光应该属于后一种。（徐庆全《仁者智者周有光》）

在周有光的青年时代中，周有光的人生一次又一次地被错位，但他处变不惊，不管是经济学还是语言文字工作，周有光做得都很出色，贡献都很大。

周有光生于1906年，百八的生命历程，亲历了国家百年间多灾多难的历史。身处这百年间，晚年的周有光在回忆时，摘掉了刀光剑影、血雨腥风的历史背景的幕布，成为一部简约生动的个人历史。个人的历史，无非是厄运和幸运所交织的人生。但一个人的一生如何对待"运"，则是一种人生态度。百年的人生经历，周有光娓娓道来，读时水波不兴，掩卷后再琢磨，书中闪耀着智慧与理性的光芒。

论者王志强总结说，周有光的人生，其实是一个"错位"的人生。周有光大学毕业时，本可以和其他同学一样去当外交官，他却选择了学经济；圣约翰大学、光华大学的毕业生，都到美国留学，可他因为经济原因不得不去了日本；本想到日本京都大学去和著名经济学家河上肇学经济，河上肇却被捕了，他只好专攻日语；本来可以在海外享受优裕的生活，他却毅然选择了回国；本来研究经济已经有了不小的成就，他却被指定去研究语言；他从小接受的是"传统"教育，却研究了大半生"现代"的知识。面对这样的"错位"人生，周有光先生却很坦然，他说："人生很难按照你的计划进行，因为历史的浪潮把你的计划几乎都打破了。"

周有光没有选择做外交官，得益于夫人张允和的阻拦——"张允和对政治不是不感兴趣，可是不赞成我参加政治工作，主张我搞学术工作"。这一阻拦，……使周有光进入了前面所言的"技术性知识分子"群体。

周有光选择学经济未果，另辟蹊径于语言的世界化，收集了不少语言方面的书，为后来研究语言打下了坚实的基础。这一选择看似不经意，实则是周有光对于那时世界现代化困境的一种群体意识的感悟：语言不通，如何与世界沟通？这种感悟，使他觉得语言研究可能更甚于经济研究。于是，1955年，他应召到北京参加全国文字改革会议，即被留下参加新成立的"文字改革委员会",并担任拼音化研究室主任,从此由经济学转业到语言学。现今依然通行的《汉语拼音方案》,他是贡献最大最多的主将。(徐庆全《仁者智者周有光》)

周有光在生活中并非一路顺利,经历过抗战与"文革",生活上如此坎坷,学术上如此光辉,我们不禁更赞叹周有光的乐观、坚韧。

谈到厄运经历,周有光框定了20年、两个阶段。一是抗战那一段,周有光全家搬往四川,八年中颠沛流离,为了躲避鬼子轰炸和谋生,前后转换了17个处所,女儿因缺医少药活到5岁就夭折了。儿子被流弹击中,肚子上被打穿5个孔,自己在一次轰炸中被震到沟旁,看看周围的人都死了,他算是九死一生的存活者。全家几乎天天挣扎在死里逃生的环境下,有时还遭强盗抢劫。抗战胜利后,他回到上海,身无长物,一贫如洗,只能重新开始。但他一点不沮丧,乐观地面对生活,依然像战前那样积极工作,关心社会,与大家共呼吸、同命运。

二是"文革"10年那一段,他家五口人分居在宁夏、湖北和北京。"文革"前他要负担母亲、妻子和儿子的生活费、医疗费和学费,几乎要靠借贷过日子,竟欠下了4000多元的债。"文革"开始,他每月只收到30元生活费。对此他并不太在意,只要能干自己喜欢干的事就可以了。"文革"结束,全家人齐聚了,但原来那点称不上富裕的"家产"已经荡然无存,不仅书丢失,连书稿、笔记、照片统统被毁。"文革"让他又一次倾家荡产,甚至比抗战胜利后回到上海的局面还惨。但他毫不气馁,从干校返京后又马不停蹄地投入工作。他总是不计较自己的遭遇和利益,心中纯然装着社会与事业。周有光语言文字学的大部分学术成果也都是从这一时期开始取得的。

……像周有光那样在历经灾难后重新创业、转换社会角色和职业定位,又能在经济学、语言文字学以及跨学科研究事业上崭露头角的百岁老人并不多。周有光说:"我跟老伴都相信一句话'塞翁失马,焉知非福',遇到不顺利的事情,不要失望。有两句话我在'文革'的时候经常讲:'卒然临之而不惊,无故加之而不怒。'这是古人的至理名言,很有道理。"

他在平淡的前半生做着"我们每个人都是语文改革的受益者"的不平淡的贡献。这一切,正如论者所言,实际上都是他矢志报国却无意于政治的人生理想、处变不惊的人生态度和淡泊宽广的胸怀成就的。(徐庆全《仁者智者周有光》)

　　从徐庆全与周有光的交往中,我们被周有光不平凡的一生深深触动,遇困境越挫越勇的韧性将激励我们一代又一代人。

我的百岁干爹

许宜春,女,1946 年生,福建省建筑设计院高级工程师,周有光的干女儿。在她眼中,百岁老人周有光活到 100 岁,不仅头脑清楚,思路清晰不减当年,而且还能演讲、写书、发表文章,实在是件罕事。

交往录

点点滴滴的生活事件组构成了许宜春与周有光的多年交往,许宜春眼中的周有光俨然是行走的图书馆,知识是那样多!许宜春女儿结婚时周老送的礼物都是书——20 册的全套《大不列颠百科全书》,可见周有光是一个爱知识、爱智慧的人。

许宜春印象中的周有光是学识渊博、淡泊名利、心系中国语文现代化的人。

干爹学问渊博,当然和他常年书报不离手有关。别看干爹曾毕业于上海圣约翰大学,西文熟练程度如同母语,可他中西合璧、崇尚西方文明并未影响他对中国传统文化的精通。他平日出口成章,不要说笔下的文章因逻辑性强别人难以改动一字,就连平日讲话也难听出废话。新中国成立前干爹曾是个银行家,但他没有丝毫的铜臭气。新中国成立后有人请他去粮食部工作,可他不爱做官,却偏偏喜爱研究语言文字。他关心的是新中国的文化教育事业,关心语文现代化。就这样,干爹成了《汉语拼音方案》的奠基人。

干爹的知识那样多!从中外历史、古今名人故事、人生哲理,到国际国内新闻大事,再加上他那一肚子的笑话,我听得如醉如痴!在信息十分封闭的 50 年代,干爹的谈话几乎成了我了解世界的窗口。在天天讲阶级斗争的岁月，干爹干妈温馨的家成了我心灵向往的一片净土，成为我少年时代的乐园。刘禹锡的《陋室铭》、杜牧的《阿房宫赋》都是干爹教我的。我清楚记得干爹用常州话吟诵诗歌："花前一壶酒，独酌无相亲……"我和干妈乐得哈哈大笑！记得有一天，我听干爹提到林肯，便插嘴问："林肯是谁?"干爹一愣，说："你连林肯都不知道，是美国总统，是他领导了南北战争，你该挨骂了……"又有一回，我听干爹提到罗斯福，又插嘴："谁是罗斯福?"干爹又是一愣，说："你连罗斯福都不知道，他也是美国总统，是领导二次世界大战的领袖，你该挨打了……"

后来干爹介绍我读《东周列国志》和《上下五千年》，介绍我读世界史。对于自己的无知，我自觉脸上无光，从此常跑到书店去翻翻旧的报纸杂志……我自1956年认识干爹干妈、1982年离开北京，在他们身边度过了自己的金色年华：青少年时代，这是我一生最大的幸运。他们夫妇是我一生的良师益友，他们的精神品质几乎影响了我的大半生。（许宜春《我的百岁干爹》，未刊稿，下同）

周有光的乐观精神也深深地影响着许宜春。

高考时，我偏偏考上自认为最不理想的北京师范学院，我自觉无颜再见干爹干妈。可干爹偏偏来到我家说：宜春读师范学院有三样好处，第一为人师表受人尊敬，第二有寒暑假，第三吃饭不要钱（当初师范生读书免费）。这一席话对我就像人在沙漠里，眼前突然呈现一片绿洲，我仿佛看到了希望。

周有光交友广泛，而且平等待人。对友只看其人品，不顾其文化背景。

和干爹接触过的人都有着相同的感受，就是他家的客人特别多，而且各种年龄层次、各种文化背景的都有，有亲戚，也有朋友，有中国人，也有外国人。除读书外，朋友成了干爹知识和信息的来源。给我印象最深的是50年代到干爹干妈家吃饭的竟有右派朋友。当时我只知道戴上右派帽子的人没人敢理，可干爹干妈却说他学问好，照样请到家里来聊天。后来我从干爹写的书里还知道全国大名鼎鼎的右派章乃器最潦倒落魄时，他照样去登门探望，肯定他的学识能力和对国家曾作出过的贡献。干爹活到100岁，朋友结识了一批又一批。旧友离去了，新的又来了，老年的过去了，年轻的又来了。因此干爹干妈的精神从不空虚寂寞。想当年我结识干爹干妈时年仅十岁，由于昆曲之缘，我成了干爹干妈家年龄最小的客人。

周有光对后辈极其关爱，饱含深情祝福。

大学毕业后，我与今天的丈夫政恩交友，政恩毕业于清华大学建筑系，他为人憨厚,才华横溢,画得一手好水彩,我将他介绍给干爹,一下就被干爹看中了。干爹看到政恩的水彩画,赞不绝口地说:"这是天才建筑师画的。"当政恩向我父亲提亲时,没想到父亲还没同意,干爹先点了头。当初我被分配在北京远郊平谷县教书,我收到干爹的来信,信中写道:"政恩给我的印象极好,切莫蹉跎岁月……"在我和政恩结婚的前一天,干爹送来了200元钱,当时的200元抵得上今天的两千元,我舍不得用,一直存到了改革开放的80年代。

2000年,我将女儿快要结婚的消息写信告诉了干爹干妈。几天后,我突然收到邮局送来的来自北京的提货单,让我到火车站去取货,原来这是几十斤重的大纸箱。回家后开箱一看,发现原来是20册的全套《大不列颠百科全书》,是中美联合编辑出版的。我翻开最后一册,看见中美联合编审委员会的中方委员名单上,闪现出钱伟长和周有光的名字,我恍然大悟,原来干爹干妈寄来一套《大不列颠百科全书》是作为女儿的结婚礼物的。女儿新婚之际,干外公外婆送上的不是金银首饰,不是美钞人民币,而是一套知识宝库,见到这套书,我禁不住流下了热泪。干妈的父辈对她的子孙后代立下的家规,其中之一为只传知识不传家产。

周有光天性乐观,面对批斗、下放等挫折,他等闲视之。

……干爹干妈,每逢提起"文革"时的遭遇和苦楚,未曾听到什么苦毒愤恨之辞,取而代之的是一笑置之,言谈中始终保持着幽默与风趣……任何消极的事物,他都能观察到积极的一面,这正好体现了干爹内在的涵养和气度。

改革开放初期,对于知识分子清淡的生活,干爹是怎样面对的呢?在他的《新陋室铭》中有这样的描述:

房间阴暗,更显得窗子明亮。

书桌不平,要怪我伏案太勤。

门槛破烂,偏多不速之客。

地板跳舞,欢迎老友来临。

卧室就是厨室,饮食方便。

书橱兼作菜橱,菜有书香。

喜听邻居的收音机送来的音乐。

爱看素不相识的朋友寄来的文章。

使尽吃奶气力,挤上电车,借此锻炼筋骨。

为打公用电话，出门半里，顺便散步观光。

许宜春与周有光几十年的忘年交之情让我们领略了学识渊博、淡泊名利、关爱后辈的周有光。

睿智人瑞

杨亦鸣,1957 年生,江苏连云港人。江苏师范大学教授、博士生导师,教育部长江学者特聘教授,江苏省语言科学与神经认知工程重点实验室主任,南京大学、浙江大学、南京师范大学兼职教授,全国哲学社会科学规划领导小组社科基金评审组成员,教育部高等学校中文教学指导委员会委员,江苏省首席科学家,享受国务院政府特殊津贴,《语言科学》主编,*Journal of Neurolinguistics* 等十余家海内外学术杂志编委,担任浙江大学周有光语言文字学研究中心特聘研究员。

交往录

周有光与杨亦鸣是前后辈的关系,2012 年杨亦鸣拜望周有光,交谈了一个上午。周有光很健谈,谈吐间闪耀着睿智的光辉。

周有光非常关爱支持后辈的研究、发展,从谈话中可见他的睿智。

我们《语言科学》创刊十周年的时候,我问周有光:创刊十周年您有什么话要讲吗?周有光题了这几个字:"了解过去,开创未来,历史进退,匹夫有责"。这既是学术的也是政治的,甚至超越政治的,是对社会历史发展的一种看法。我们《语言科学》是 2002 年创刊的,到 2006 年年底就进入了 CSCI,发展得很好。学术研究要了解过去,切记一切从我做起。因为学术研究是有传承的,不了解过去来做研究是不行的。但是也不能掉在故纸堆里,了解过去的目的是开创未来。我和周有光当时聊天时我研究的是神经语言学,这在当时的中国是没有的,周有光说这就很好,你这是开创未来。下边"历史进退,匹夫有责"这既是语言学发展历史上的进退,也是对政治历史进程的一个寄语。

周有光对我们语言学研究是很支持的,特别是我们都是青年学生。那个时候是 2012 年,他身体非常好,我们聊了一上午担心他的身体,他说没事可以再谈一会儿。所以我觉得一个睿智的长者,他随便说一说,谈一谈,实际上不仅是对学术,也是对人类历史的思考。(据浙江大学周有光语言文字学研究中心成立仪式暨语文现代化高峰论坛的发言稿整理)

周有光学贯中西,具有世界眼光。从《汉语拼音方案》采取拉丁字母可见一斑。

其实我们所有人对周有光的认识都是从语言学开始的,特别是从《汉语拼音方案》制定开始的。《汉语拼音方案》制定在当时确实是有重重的障碍,到底选用什么注音形式。比如民国的拼音方案就是在汉字的基础上选一些偏旁,叫注音字母。实际上当时最强大的是基比尔字母,斯拉夫文字都用那种东西,但周有光提出拉丁化。拉丁化在党内也是有传统的,党内意见有两种:一种是拉丁化,一种是用俄文字母。周有光确实有世界眼光,他自己留学就在日本,然后去了西方在美国。

当时制作《汉语拼音方案》,实际上周有光比较彻底地接受了结构主义语言学的思想。结构主义语言学在当时是领先的,现在也是语言学最重要的一个研究基础。不仅是在语言学,还走出了语言学,成为一种思潮。周有光做《汉语拼音方案》的时候,我们汉语的普通话也不是那么简单的,比如说"zcs",资产阶级的"资"和知识分子的"知",还有小鸡的"鸡",这三个用一个"-i"代替三个不同的音。这就是音位学思想,就是在不同的场合出现如果不影响意思可以用一个字母表示。这很先进,不然字母表就要扩大,而且还找不到合适的替代。这个学语言学的人都知道,不学语言学的人可能不清楚。五几年的时候都在批判美国,没有人敢用结构主义的思想来做,周有光当时也没有明确提出结构主义,但他还是用这个办法。当时还有一个做结构主义的是北京大学的朱先生,他从来不明确提他是做结构主义的,直到"文革"之后才在小范围说他用的是结构主义。朱先生用的也是分步替换的办法,周有光也是这样。他没有讲用的是最先进的理论,因为我们当时是跟着苏联走的,但是用这种结构主义思想一下就解决问题了。我们在宣传的时候也没有讲透,所以我们可以看到小学老师在教汉语拼音的时候,教"ji"的时候读"鸡—鸡"是对的,但是教"zhi"的时候读"知—知"那就不对了。这里的舌面元音实际上是个卷舌的"r"。最后给小学提了教学方案——整体记认,不要再"z-i-zi"了,"zi、ci、si""zhi、chi、shi"整体认读。这真是太不容易了,现在觉得很简单,在那个时候是批判的,谁敢用美国结构主义的东西,弄不好会被扣上"敌特"的帽子。对周有光来说学术高于一切,只要学术上管用他就用。(据浙江大学周有光语言文字学研究中心成立仪式暨语文现代化高峰论坛的发言稿整理)

周有光淡泊名利,内心平静,在我们看来和爱因斯坦聊天是一件大事,周有光却说"就是两个普通人的聊天"。

周有光在美国曾和爱因斯坦聊天,我问他和爱因斯坦聊天是什么感觉,他说"就是两个普通人的聊天",非常淡定。周有光本人没有把这个当作是他人生历史上很重要的事,我就觉得他非常淡定,人淡如菊。我讲的意思就是他有"世界眼光",他知道将来语言发展也罢,社会大同也罢,要和多数的东西走到一起而不是和少数的东西走到一起。我觉得这是他一直以来的思想。

周有光不仅在语言文字工作和经济学上取得了重大成就,他还是一个思想深邃、具有大局观的人。

我认为他做人是有"悲天悯人"的人文情怀。周有光本人首先是做一个悲天悯人的人,然后他用这种情怀去关照学术,关照自己的工作职业,不管是经济学还是语言学。我们认识他是从他的专业进去,认到人之后发现他首先是一个伟大的人,然后做了这些工作。这是我对他的认识。

可能一般人不大注意,和周有光谈过才知道,怎么人类会没有共同观点,人和动物的区别就是人有共同的东西。这是从进化论的思想,包括马克思主义的思想来说的。生命的形成和人类的产生一个是正义,一个是创新。最早我们的细胞,单细胞产生的时候如果没有创新,不愿把DNA、RNA复制传承下来,那我们的细胞瞬间就灭亡了。人类的本质就是正义、协作、团结、发展。如果这个单细胞不愿和别的细胞组合,我们的细胞现在就是简单细胞而不是复杂细胞。如果没有复杂细胞就没有复杂蛋白质,就不能产生后来所有的生命和人类。细胞到人之后,人在产生的过程中,也同"非人"进行了斗争。例如十万年前,另一支人类叫尼安德特人,同我们斗争,最后那一支人类消失了,因为他们有个不好的地方就是人吃人,就像动物吃动物他们觉得没什么,但我们这支人觉得不好,那时还没有形成伦理规范,但是有这个感觉,所以最后尼安德特人消失了。但是我们现在有 30% 左右的尼安德特人的基因,所以人类一直往前走,他是有自己一个内在的东西的。我们现在文明人可以进行这样的总结,但当时不知道,不自知。这中间的思考非常深刻。再联系习近平主席最近提出的"人类命运共同体",我觉得全世界的人都有共同的东西,而人类命运共同体就是要找出共同的东西,用这个共同的东西团结大家,不管东方也好西方也好团结在一起,而不是排斥,仅有一家之言。这个思想是周有光反复提到的,不管看周有光的哪一本书他都明确讲到。人类有共同的东西,这个我们要抓住,不要局限于少数的党派、意识。所以不只我们的周有光语言文字学研究中心要以语言文字学作为起点,也要研究周有光做人的思想,这会成为推动我们中国发展的重要的遗产。我们要学习周有光的思想,来一场中国历史发展历程中的文艺复兴运动、思想启蒙运动。这对中国走向世界、引领世界,在世界舞台上争取自己的话语权肯定是很有必要的。(据浙江大学周有光语言文字学研究中心成立仪式暨语文现代化高峰论坛的发言稿整理)

周有光是一个具有奉献精神、关爱后辈的人,从他与杨亦鸣教授的交往中,我们看到了周有光豁达、胸襟开阔的儒家思想,不局限于一家之言,不局限于一国之言。汉语正越来越国际化,汉语有理论、有见解、有话语权离不开周有光创制宣传汉语拼音的努力。

一湖静水

叶芳,女,1958 年生,浙江嘉兴人。曾任职于中央编译出版社,为周有光策划、编辑了《周有光文集》《逝年如水:周有光百年口述》。据她回忆,《周有光文集》的编纂,得到了周有光的全力支持,"他把这个文集看成对自己一生工作的总结,感到很欣慰"。

交往录

叶芳与周有光是老相识了,叶芳曾经担任过《周有光文集》的责编,与周有光较为熟悉,她觉得无论是在什么环境下,周有光所具有的定力和人格魅力都给人留下强烈的印象,"他是一个非常谦虚的人。一生无论面对荣或辱,也不管人生有多大起伏,他都能淡然视之,并且越是困苦的生活,他越能从中发现大欢乐和大自在。这也是他长寿很重要的原因"。

叶芳初见周有光时,周有光和蔼可亲,幽默风趣,具有孩童般的纯真。

见到他,任何人的紧张心理都会消失。他微笑着面对来客和世界:眼睛像弯弯的月亮一般透出孩童般的纯真,说话不疾不徐、有条不紊。你很难把他称为老人,他的思维依然清晰、敏锐,只是看待人与事的时候更为平和,有耐心;他洞察当今世界的变化,心灵无拘无束。这就是当今中国年龄最大,且最具睿智的学者周有光给我的最初印象。

第一次见到周有光就听他讲故事:

1969 年冬天,我随我的单位"中国文字改革委员会"全体人员去宁夏平罗西大滩"五七干校"劳动改造。在那里的两年零四个月中,最有趣的记忆是遇到"大雁集体下大便"。林彪死了,"五七干校"领导下令,明天早上五点集合,听报告。早上,一看天气晴朗,开会到中午,一定很热,我就戴了一顶很大的宽边草帽,防备中午的太阳。快到十点钟的时候,天上飞来一群大雁,不是几千,而是几万,黑压压的如同一片乌云。飞到我们头上的时候,一位大雁"领导同志"一声怪叫。于是,大家集体大便,有如骤雨,倾盆而下,准确地落在集会的"五七战士"头上。

我有大草帽顶着,身上沾到大便不多。我的同志们个个如粪窖里走出来的落汤鸡,满头满身都是大雁的粪便,狼狈不堪。大便很黏,洗几天也难于洗干净,特别是头发里的大便,极其难洗。

当地老乡说,他们知道大雁是集体大便的,可是落到人们头上要一万年才遇到一次,我们运气太好了。这是幸福的及时雨。我们原来个个宣誓,永远不再回家。林彪死了,不久我们全体都奉命回家了。

大雁的组织纪律性,比人胜过万倍。

他说完这个故事忍不住用雪白的手绢掩住了口,那份得意和开心如同小孩逃过了老师严厉的惩训。(叶芳《周有光,一个超越时代的人》,《文汇读书周报》,2013 年 5 月 17 日)

叶芳心中的周有光总是处变不惊,乐观幽默,对这个世界充满好奇心。

无论是在什么环境下,周有光所具有的定力给叶芳留下了深刻印象。"文革"中在"五七干校",他带了一本《新华字典》,利用字典做字形的分析。一本《毛主席语录》,在他那儿会起到研究语言文字的作用。1976 年,即便是在患病住院期间,他还在病中为《拼音化问题》书稿忙碌着。他是一个非常谦虚的人。一生无论面对荣或辱,也不管人生有多大起伏,他都能淡然视之,并且越是困苦的生活,他越能从中发现大欢乐和大自在。这也是他长寿很重要的原因。据说,周有光有"三不":不立遗嘱,不过生日,不过年节。还有"三自":自食其力,自得其乐,自鸣得意。叶芳透露周有光的 110 岁大寿是在家里吃的家常饭。周有光外甥女毛晓园是这样记录这次家宴的:"今天是舅舅跨入 110 岁的第一天!我们做了葱烧海参、荠菜豆腐羹、清蒸鳊鱼、红烧大虾、红枣银耳羹、青菜鸡汤面,在家为他祝寿!舅舅每个菜都尝了一点,还吃了常州老家送来的软米粉粥和每天必喝的营养液。饭后切开大蛋糕和水果,舅舅说:'我饱了,我看你们吃!'舅舅有一个三不主义,生日是其中之一，所以外界每年都是以开座谈会、研讨会形式为他祝寿，而家人也总是简朴地和他一起聚餐来度过生日，因为大家都知道他最喜欢的是读书思考，他对后辈的期望是历史进退、匹夫有责。"

叶芳表示，在周有光一个多世纪的生命旅程中，周家与中国的许多家庭一样，经历过无数磨难，失去了孩子、失去了家产……进入百岁之后，他的生活变得异常简单，每天重复着睡觉、吃饭、看书、写文章四件事。他穿衣服也很简单，因为不出门，漂亮的衣服都没有机会穿，穿出来也觉得不自在。因为多年伏案写作，周有光的腰椎已严重变形，导致他无法仰卧。他接受生活给予的一切——无论好或坏，唯独拒绝让荣华富贵、虚情假意包围自己。

即使是对恶意攻击他的人，他也坦然以对：曾经有一场涉及他的官司被歪曲报道成他和儿子之间的利益之争，周有光也只是淡然地对儿子周晓平说，完全不必理会这种不实之词，不做任何辩解。然而，他又是一个一丝不苟、有主见的人。叶芳说，如果来访者的书面谈话提纲中出现错字，他会很快捕捉到这个错误并作出修正。他会坦率地告诉别人他百岁以后记忆力大不如前；他会自然地谈论百岁后生活质量在下降；他明镜一般的心中，包含着对未来的预测和信念，但他早已摒弃了任何过激的言辞。他每天阅读，心里装着整个世界，却从不忘记帮助身边的人。周有光家有两个保姆，他曾亲自教他的保姆学习英语，与家人周密地讨论保姆的未来生计，为保姆出资上夜校学习谋生技艺。他告诫人们："要能够适应不好的环境。你不要着急、不要失望，遇到任何坏事情，你要稳住、要安定，同时要保留积极的思想，不要消极。"（叶芳《周有光，一个超越时代的人》，《文汇读书周报》，2013 年 5 月17 日）

周有光非常关心别人，总是站在对方角度想问题。

他很谦虚，也非常在乎别人的工作。从来不会因为你工作上出了一些差错，或者编辑不够圆满来责备你，这在任何作者那里都很难遇到。（叶芳《周有光，一个超越时代的人》，《文汇读书周报》，2013 年 5 月 17 日）

周有光 50 岁转入语言文字学并取得了很大的成就，其实青年时代的周有光就已经在关注这个领域了。

对于周有光在文字学上的成就，叶芳介绍，其实早在周有光年轻的时候，他就是拉丁化新文字运动的积极推动者，"在圣约翰读大学的时候，周有光已经选了文字学的相关课程。至于《汉语拼音方案》，不是周有光最早提出的。但是确定一个可操作性强的工作方案，那就是他的功劳了。他也讲过,说那是很多人工作的成果"。

周有光在华尔街从事银行工作期间,就常常将时间花在图书馆中;即使假期漫游世界的时候,他也从未忘记在工作之余收集各种各样的语言文字研究素材。他回国后各种政治运动不断,这些素材成为他研究语言文字的重要资料来源。为了比较世界各主要文字发展的历史和对文化的影响力,他不仅对世界主要文字系统进行了比较和研究,也深入研究了中国少数民族的留存文字。他抽丝剥茧,一层层地反复研究从形意文字、意音文字到表音文字的演变历史,分析、比较语言文字发展中的差异性和共性问题,以求发现其中代表世界发展趋势的脉动和规律。他的基本观点是,表音文字的出现是一种具有趋势性的发展,这种趋势与人类社会经济文化发展有着互相呼应的内在联系。如同人类正在共享科学领域的发展成果一样,文字的传播也影响着东西方(世界)文化的交流与发展进程,用他自己的话来说,"一种文化工具,只要易学便用,适合时代需要,它本身就会自动传播,不胫而走"。(叶芳《周有光,一个超越时代的人》,《文汇读书周报》,2013 年 5 月17 日)

周有光在制定《汉语拼音方案》上下足了功夫,汉字的古往今来、其他文字的发展、时空上的文字对比开阔了周有光的视野,让他坚定了采用拉丁字母的决心。

为了更好地研究文字发展规律,使得文字改革真正推进中国语文现代化的进程,周有光深入地探讨了中外历史上文字演变的历史,比较了世界各国语言文字发展史及成功的经验,从中发现了百年来语言文字使用上的拉丁化发展趋势,拉丁字母拼写法已日渐成为更多国家接受的国际标准;作为技术符号,拉丁字母在国际互联网上被广泛使用。一个"书同字母"的时代正在悄悄形成。

在周有光全力以赴投身于中国语文现代化建设的时候,还很少有人预见到今天互联网正在将不同的语言文字迅速融合,双语言时代不仅在发达国家已经成为现实,也在新兴国家成为一种可以预见的前景。苏培成在他的文章中介绍说:"在研究世界各国语文新发展的时候,周先生还特别阐明了两个十分重要的问题。第一,现代是双语言时代。'二战'后独立的新兴国家,在语言工作上,它们面对两项任务:一方面要建设国家共同语,另一方面要使用国际共同语。日常生活和本国文化用国家共同语,国际事务和现代文化用国际共同语。文化和发达的国家,早已实行了双语言。中国的双语言原来是指推广普通话：从只会说方言，到又会说普通话。这是'国内双语言'。现在又有了第二种含义：从只会说普通话，到又会说英语，这是'国际双语言'。"

在周有光等一批优秀的专家引导和主持下，中国人已经逐渐实现了百年来的理想：语言的共同化，文体的口语化，汉字的简便化，注音的字母化，语文的电脑化，术语的国际化。（叶芳《周有光，一个超越时代的人》，《文汇读书周报》，2013 年 5 月 17 日）

周有光不局限于语言文字的改革，他希望以此探索人类历史与文化的发展。

他一生出版了三十余部作品，早期与后期的作品在研究的方向上虽有所不同，但其基本观点具有强烈的逻辑上的内在一致性。就像他自己所说："我研究的是现象下面的背景，如一条河流，上面的水流波动得很厉害，下面的水流比较稳定。我研究下面比较稳定的水流。"所以，资中筠说"周有光是一个有信仰的人，他信仰的是人类发展的普遍规律"。

周有光一生所从事的工作展示了一个专业学者的建设性的学术构建，同时也预示着未来发展的方向。他的作品体现了他一以贯之的两个侧重点：一是学术研究要结合现实，造福人类。他主导的汉字拼音研究及汉字改革，使得普通人学习汉语的时间大大缩短，学习的有效性得到了提升，为全民教育打下了扎实的基础；二是探索人类历史与文化发展的基本规律，建立具有前瞻性的历史文化观。正如苏培成所说："周有光语言文字学研究的核心是中国语文的现代化，也就是如何建设新时期的中国新语文。周先生强调要从世界看中国，不要从中国看世界，从中国看中国许多问题不容易看清。"（叶芳《周有光，一个超越时代的人》，《文汇读书周报》，2013 年 5 月 17 日）

周有光始终心系天下，心中装着大我。

叶芳曾去探望老人家，"儿子去世对他打击很大，但当我们谈到个人忧伤的时候，他说，不要谈我个人，我们来谈谈这个世界。我是认真地思考了这个世界的"。叶芳认为，这句话的背后包含了周有光对国家尽的责任，"他的心中总是装着很大的世界，很少顾及自己，这也是他抵御庸俗世界的方法"。

我是（10 月）21 号拜见周有光的，我看着他这几年的一些变化。一个人的衰老是不可避免的，但是周有光这一辈子所牵挂的就是这个国家的前途，未来的发展,以及中国有可能变得更好的这样一种希望。这个是他百年以来满怀信心,一直在期待并努力工作的非常重要的一部分。

我和周有光说,浙江大学周有光语言文字学研究中心要成立了,他们想研究您的思想,您有什么样的看法。他说了这样一句话:"浙江大学是一所很不错的大学,他们从事研究,但不高调。"这是第一句话,后面他又说"有研究总比没有研究好"。我想他是了解现在大学的研究现状的,虽然他已足不出户,但是对整个世界的关切,乃至对中国发展的关切将维系他的一生。每次听到他这么说的时候都有一种心酸的感觉,说实话我们现在所有的发展还没有到达前辈们努力奋斗所希望得到的那种前景,因此这是我们这代人、更多代人需要努力的方向。或许这也是研究周有光思想以及他的研究成果的一个重要原因。因为他研究的不仅是语言文字学方面的内容,更是一般性的社会发展规律的研究,这个规律涵盖了文字学、语言学、文化学、历史发展学。我觉得周有光可能是所有学人的榜样,也是我们作为普通人的榜样。这个榜样是说任何时候都应该把国家未来的发展前途放在第一位,这是我这几年接触他的深深感受。(据浙江大学周有光语言文字学研究中心成立仪式暨语文现代化高峰论坛的发言稿整理)

叶芳更提到了一个不为外界所知的珍贵瞬间。2015 年 5 月 22 日,当周有光得知杨绛也同住在协和医院的高干病房时,主动提出要去看她。杨绛的保姆拒绝了,而叶芳知道,杨绛是讲究体面的人,她要以最容光焕发的姿态见周有光。最终,在叶芳的劝说之下,杨绛保姆答应了见面之请。"他们两个人见面后,对彼此说的第一句话是'久闻大名'。"那一次,从病房出来之后,坐在轮椅上的周有光,在一个面对大街、能看到车水马龙的窗户前停留了很久,若有所思。"我想,他喜欢那个变化的、生动的世界,但是他已经不能再走出病房、走出家门了。"叶芳说。(想要的未来《周有光和杨绛什么关系 周有光与杨绛会面互道"久闻大名"》,2017 年 1 月 18 日)

叶芳作为《周有光文集》的责任编辑,与周有光交往密切。从这一老一少的交往中可以管窥到周有光的处变不惊、淡泊宁静、乐观幽默、做事一丝不苟、心系国家社会的一面。

熠熠闪光的百岁人瑞

袁亚春,1962 年生,浙江新昌
人。1987 年毕业于杭州大学经济
系;1990 年毕业于上海财经大学经
济系,获经济学硕士学位,同年进入
杭州大学出版社工作;1999 年至
今,在浙江大学出版社工作。2003
年晋升编审。历任副社长、总编辑;
2001 年开始兼任《浙江大学学报》

人文社科版副主编、执行主编。出版(合作)专著 3 部;在《浙江社会科学》《浙
江大学学报》《现代出版》《中国出版》《中国编辑》等刊物发表专业论文 30 余
篇;合作承担社科研究项目 4 项。1998 年,获全国"第三届中青年优秀(图
书)编辑"称号;2005 年,入选浙江省宣传文化系统首届"五个一批"人才;
2015 年,获"全国高校出版人物奖";2016 年,入选国家新闻出版行业领军
人才。

交往录

袁亚春先后拜望周有光 4 次,他说,周有光留给他最深刻的印象是人淡
如菊。袁亚春回忆与周有光的最后一次见面是在 2017 年,"那天,他已经不
能像往年那样端坐沙发,跟我们微笑说话了,而只能躺在床上,轻轻点头,我
都不忍心拍照"。

袁亚春回忆与周有光交往的点点滴滴,脑海中始终浮现着一位瘦小、睿
智、充满传奇、偶尔还有些调皮的世纪老人的身影。

那还是 2014 年 6 月底的一个晴日，一早就接到周晓平老师专程从北京打来的电话，说是转达他父亲周有光的意思，一是对我们给他寄关于欧洲启蒙思想的经典译著表示感谢，二是更希望浙大多出一些针对大众的启蒙读物，要内容通俗些，让年轻人都能真正读得懂。晓平先生最后还透露，周有光最近常发烧，他又不愿意去住医院，所以为了静养，家属基本上谢绝了外界所有想去看望他的人。

几周后，拨通了周家电话，对晓平先生说，"近日我会上京开会，很想带几位年轻人一起去见见周有光先生呢！"

对方迟疑片刻，说爸爸状态还是有点不太好，一般不见客了，你来看看也好，我们一起谈谈爸爸的书和他向浙大捐赠语言学研究手稿的事。

"其实，外界对我妈妈可能比对我爸爸更感兴趣一些，不过你们浙大的人还是让人天然有信任感，上次你们的罗副校长来，我爸爸印象就很好。毕竟是竺可桢当过校长的地方，实事求是！"

"爸爸基本不见外人了，你们来，他先要整一整，再见客，我们可以先聊聊……"于是我们聊起周有光的早年经历，文字改革和"周百科"的来历，分享周有光对中国文化、中东冲突、德法俄诸国民族个性及其跟启蒙运动的关系等等诸多话题的独特观点。

直到照顾周有光起居的阿姨说"可以了"。走进周有光会客间，见到这位传奇老人已经很正式地端坐于沙发的中央了。

沙发是很普通的那种，上面铺了块长条的毛巾坐垫，我甚至觉得沙发有些过于柔软，让老人坐上去身体不容易平衡，不得不做做筋骨。

我趋上前向周有光问安，代表自己和在场不在场的朋友们祝他身体康泰。老人双手合拢胸前，微笑，连说："谢谢，谢谢你们来看我！"

怕说话太大声不礼貌，但说轻了老人又听不太清楚，略显无措之时，周有光应是察觉到了，他微笑着，带些调皮地说："耳朵不太灵光，人也成了摆设了，现在的我，都是他们说了算！"说完，随即脸上显出孩子般的神情，大家也跟着会心地笑起来。这一刻，我们分明又看到了印象中那个幽默、诙谐、充满生活趣味的周有光。有人说过，自嘲、自我调侃是有智慧者的专利，即便是年过百岁，智慧之光依然在老人身上闪现。

话题转入有关图书的出版、语言文字学有关手稿和图书的捐赠利用事项，周有光又俨然表现出一代大家的认真、规范和严谨。他一字一顿地说："浙大是很好的大学，我的书和资料交给你们，我放心。你们的罗校长说可以考虑建立专门的语言文字研究中心，来研究这些资料，我很欣慰，不过呢，是不是叫研究中心不要紧，主要是得有真正愿意和水平高一点的老师去做研究。"说完，他又示意儿子晓平先生为他取来两本语言学方面的书，交给我后，又谆谆告诫说："像这些书都很重要，你们回去后可以先看看，一定要好好研究！"接过书，翻阅满书都是批注的书页，再静听老人如此郑重的交代，双手顿觉有了千钧分量。只恨自己因并非语言学研究专才，而不能当面聆听更多、更专业的教诲。

周有光是一代语言文字学大家，更是位无比随和随性的老头。同行的年轻人提出希望能跟他合张影，老人欣然同意，随即在护理人员的帮助下，整理一下衣角，端坐于中间，我们几个围坐老人两边，坐姿随意，宛若祖孙几代团聚闲话家常。

该对老人道别了。"我们很想跟您多待一会儿，多聆听您老人家的教导，只是怕太打扰您休息，不得不告辞了！"我在周有光的耳边跟他说。

"谢谢你，谢谢你们来看我！"老人依然是双手合拢，作答谢状，然后目送我们出门。

忽然想到还有话要说，我折回头，蹲下身子，郑重地对老人家表态："您放心，您交代的事我都记下了，我们不会辜负您的期望，我期待着不久的将来再来看您！"

"好，谢谢你，谢谢你！"老人家依然笑眯眯地抱拳作揖，再次目送我走出房间。走下楼道，回头望，那只是幢普通得不能再普通的居民楼。看外观，应该就是几十年前建造的砖木结构楼房，设施老旧，过道甚至有些昏暗，这也正是这类大众化老住宅的"标配"吧。走过一条窄窄的通道，出来就是后拐棒胡同，胡同的名字听上去俗得有点古怪，事实上这也真是条不起眼的小胡同，对面来辆三轮，你不得不往墙边避让，可以想见其局促的程度。天天路过后拐棒胡同的人们，也许根本就不会知道，这里面还住着为我国语言文字学做出过开创性贡献、被誉为汉语拼音的创始者之一、对经济学和文化史等学科也建树颇丰、精通英法日等多国语言的大师级人物——周有光。

从常州的青果巷，到北京的后拐棒胡同，周有光走过了108年。

这位从小带着光亮走过一个多世纪的老人，晚年住的房子肯定远远不如早年的了。不过，这也许在他并不重要，无论是早年留学日本，实干于华尔街，还是后来在香港、上海著文、教学，到后半辈子投身国家文字改革，做出卓越贡献，他"闪光"的地方太多了，而且整整闪光了一个世纪。对于这样的人瑞，一位大师，身边所有物质的存在就只是物质而已，后拐棒胡同上那间老旧、昏暗的普通房子，也只是一处他寻常起居的所在而已。是的，他的光亮，无关房舍的明暗气派与否，而全在他对这个世界充满关怀的内心里，在他充满智慧的思想里，更在他对未来、对年轻人的寄托和期望里……

这一点，自打与随行的几位年轻人一起走过那条窄窄的后拐棒胡同以后，我比以前任何时候都要明白。（袁亚春《旧闻｜有光——京城拜访周有光先生》，《钱江晚报》，2014 年 8 月 24 日）

周有光走过百岁人生，他的坎坎坷坷、他的乐观面对、他的伟大成就，是一种传奇！

袁亚春与周有光交谈

周有光先生是我人生的一盏明灯

袁钟瑞,1946年生,原任教育部(国家语言文字工作委员会)普通话推广处处长,曾任中国语文现代化学会副会长、秘书长,北京市语委专家委员会委员,北京市语言文字测试中心专家委员会主任,北京语言文化建设促进会常务理事。

交往录

袁钟瑞与周有光的缘分始于《汉字改革概论》,据袁钟瑞说,是周有光的书激励了一个青年满腔热血投身于语言文字工作。

50年前的1963年,我上高中一年级。一天,我在北京王府井新华书店看到一本周有光著的《汉字改革概论》,立刻被吸引住了。我站在书架前翻看了很长时间,最后买回家去看。虽然很多内容看不太懂,但仍然坚持看下去。这就是兴趣,是缘分。从那时起,我就想考北大,学中文,将来也做文字改革工作。周有光先生从那时起就成了我心中的偶像。

当然,"文化大革命"破灭了所有人的升学理想。我到内蒙古草原上度过了11年多。在那里,我仍然带着周先生这本书,用这本书钻研汉语拼音,学习国际音标,并且教农村的老师学习汉语拼音,指导他们的拼音教学。我和一些同学试验用拼音写信,试验用字母标调法解决书写不便和区分同音词的问题。从周老的书里,我们了解了汉字标音的历史,了解了汉语拼音的历史沿革,对文字改革工作(包括推广普通话和简化汉字)有了比较深入的理解。虽然内心里还充满着兴趣,却不敢想象将来我还有机会从事这项工作。

经历了无数的坎坷和波折,我竟然在44岁的时候,调入了国家语委从事推广普通话工作。我在推普处处长的位置上干了整整16年,就是说,在周有光先生的身旁工作了16年。退休以来,又在周先生创办的中国语文现代化学会工作了6年半。周先生的书,一直是我工作的指南;周先生的人品和胸怀,一直是我人生的榜样。

周先生说,语音标准的确立,是民族共同语成熟的标志;学校以民族共同语为校园语言,是国民教育成年的标志。周先生还说,推广和普及民族共同语,是任何国家走向工业化和现代化的必由之路。周先生的语文现代化理论给我们的推普工作指明方向,也指引着我在工作中深入基层实际,勤于调查研究,善于独立思考,敢于出彩创新。10年前,我写了一本书,叫《话说推普》。周先生认真地读了,对我说:"你的《话说推普》,写得好极了!"我为周先生对一个晚辈的习作如此认真,十分感动;周先生的鼓励,使我工作起来信心倍增!

周先生完善了中国语文现代化的理论,指出语文现代化的内涵是"语言通用化,文体口语化,文字简易化,标音字母化,中文电脑化,术语国际化",就是要使作为最重要的交际工具和信息载体的语言文字的社会应用实现简易、便捷、普及,以适应现代化、信息化社会的需求。

今天我们已经实现了电脑的普及。回想起57年前,由于周有光先生的坚持,才使我们的汉语拼音字母采用了国际最通用的罗马字母。周先生说起这件事时,笑着说:"当时,主张用汉字笔画式字母的人是大多数,也有人主张用斯拉夫字母,只有我和极少数人主张用罗马字母。毛主席最初也是倾向用汉字笔画式字母的。在会上,毛主席问我:'周有光,你到底赞成不赞成(我的主张)?'我不敢反对毛主席,但我可以不说话。毛主席再次问我,我还是不说话。毛主席见我不说话,就明白了,于是就宣布休会。会后,胡乔木同志到我家来问我到底是什么意见。我说,我写过一本小册子《字母的故事》,你拿回去给毛主席看看吧。下次再开会时,毛主席主动提出,汉语拼音还是采用罗马字母好,国际通用。而且毛主席还说服别人同意采用罗马字母。"周先生笑呵呵地说:"毛主席借了我一本书,到现在也没有还!"

这件事思想起来,意义实在重大。如果今天我们的拼音用的是汉字笔画式的字母,或者是斯拉夫字母,或者别的什么字母,如何能够方便地使用国际通用的计算机键盘?如何方便地将中文的人名地名转换成国际通用的罗马字母？如何高效率地实现中国语文的现代化？越想越觉得周先生真伟大。（摘自"周有光与中国语文现代化"学术研讨会上的发言稿）

从袁钟瑞与周有光的交往中，更能看出周有光对年轻一辈的影响与关怀以及当时创制《汉语拼音方案》的艰辛与坚持。

我的舅舅

张马力，女，1935 年生。周有光姐姐周心闲的女儿，周有光的外甥女，工作于上海戏剧学院。全国高等学校文科学报研究会《会务简报》编辑、副研究员，全国优秀学报工作者。

交往录

张马力与周有光的交往贯穿了张马力的大半生，周有光在日常生活上对张马力的帮助鼓舞，让她度过了一段又一段的艰难岁月，学习上言传身教深深地影响着她勤奋拼搏。

周有光非常关心亲人，对张马力有着莫大的物质与精神上的支持。

除了我母亲，您和舅妈是我生命中最最重要的人了。在众多外甥和外甥女中，您和舅妈对我和两个弟弟的关爱要更多些，那是因为你们知道我有个不完整的家庭。虽然我母亲非常能干，可是她一个人要抚养、教育三个孩子，还是力不从心的。也因此，有一段时间，我们母子四人曾与您全家生活在一起，受到你们各方面的照顾。回到上海后，我们有过几年较为稳定且幸福的生活。妈妈在职大教数学、外语和音乐三门课，学校里的同事们都夸她是全才。休息天，她还做些童装挂在朋友的店里卖，以贴补家用。尽管母亲

145

克勤克俭,尽最大努力增加家庭收入,但我们的生活还是十分拮据的,由于舅舅您和舅妈时常接济我们,才使我和两个弟弟能够继续上学,受到较好的教育。(张马力《写给舅舅的信》,《有光一生 一生有光——周有光先生百年寿辰纪念文集》,金钥匙华文出版社 2014 年版)

周有光是一个有社会责任感、爱国的人,从张马力与周有光的交往中也能看出一二。

决定我命运的第一个最重大的关口是在 1949 年。那时,我们两家都在香港。面对动荡的时局,我们有三条出路:留在香港,去其他国家或回内地。那时舅舅您说:"祖国解放了,共产党要建设一个自由、民主、共和的国家,需要大批人才,我们应该回国参加建设,这更有利于孩子们今后的成长和发展。"母亲于是毫不犹豫地带着我和两个幼小的弟弟回国了。

那时候您在复旦大学教书,好像还在银行兼职,舅妈在中学教历史。您是那么有学问,那么儒雅潇洒、风度翩翩;而舅妈又是那么文采出众、清秀亮丽、高贵雅致;你们二人只要走出门,就会引起人们羡慕的眼光。你们是我的亲人,是我的长辈,也是我学习的榜样。从那时起,我就好崇拜你们,用现在的话说,我就是你们的"粉丝""铁杆粉丝"!我暗暗地下决心:一定要像你们那样做人,做个积极向上的人,做个对社会有用的人,决不让你们失望。(张马力《写给舅舅的信》)

周有光在学习、看书方面也给了张马力很多指导和建议。

我在上海戏剧学院从附中到本科,一直是寄宿生,可是,每到周六下午我都要回家过周日,回到家,我不仅可以看到妈妈、弟弟,还可以见到舅舅、舅妈。晚上我就睡在三楼,在您的小书房里与书做伴,这是我最快乐的时候,我可以翻遍您的书,也经常看到您在埋头阅读和写作,这是舅舅您留给我的最难忘的印象。您知道我喜欢看书,曾对我说:看书要有选择,要看世界名著,不能只看故事,先要了解作者的生平及其写作背景,看完了要写读书笔记。为了教我读书,您还让舅妈具体辅导我。知道吗,舅舅,我最爱听您的话,您的话我都记下了。从那时起,我就逐渐养成了写读书笔记的习惯。

在学校,我刻苦努力,争取各门课都拿优秀。1956 年被评为上海市的优秀大学生(全市 200 人),参加了上海市组织的赴青岛夏令营。我总是记得您对我说的:知识是分散的,专业才是系统的,一个人必须要有一门专业,并且要一直钻研下去。可是我的专业成绩不是太好,我嗓子条件不是很好,我就拼命地练。两个弟弟的学习成绩倒是非常出色,母亲曾高兴地为我们举行过家庭演唱会。她本来就是上海音乐学院声乐系的学生,为了抚养我们三个孩子才放弃了自己的专业。我原以为等我毕业参加工作后,就可以不再连累舅舅、舅妈了,我一定可以做到照顾全家的。所以对舅舅调动工作到北京,我们高高兴兴为舅舅舅妈送别。舅舅临走给我留下了好多世界名著,还有字典、辞海等,这都是我最需要的。

舅舅!是您的为人和教导,使我在二十年漫长而艰难的人生旅途中没有被苦难压垮,并最终从被推倒的地上又站了起来。您的智慧之光,不仅照亮了我的心,而且正在照亮着千千万万中国人的心!(张马力《写给舅舅的信》)

周有光最大的贡献之一是创立了汉语拼音。这也是他坚持多年做成的一件事。张马力小的时候,周有光就已经开始研究汉语拼音了。

我可以告诉大家,他不是从 50 年代才开始搞这个研究的。他在我们很小的时候,上小学的时候,我的两个弟弟在幼儿园时他就开始做他的实验了。他就让他学他的拼音,试试看,看看小孩儿能不能接受。实际上他早就在思考这个问题,所以他说我一定要做成这件事,我终于做成了,所以我不后悔。2016 年 10 月,张马力去看周有光,在饭桌上吃饭之前有一场谈话。张马力问周有光,"舅舅你从国外回来到现在,你就没有后悔过吗?""他说没有。我说为什么?他说我毕竟做成了一件事,他只承认他做成一件事,就是汉语拼音。我说你怎么就那么自信?这是一件很难的事,56 个民族都要说普通话,这个太难了,你就不知道吗?他说我知道很难,但是如果我不回来的话,就一点希望都没有了。"(张马力《追思周有光——外甥女张马力:他的眼睛已空空、他的心已走、我很难过》,《探索与争鸣》,2017 年 1 月 15 日)

周有光身上散发着哲人的光辉,他乐观,他关心时事,他热爱祖国。

他告诉我说:"马力我这一生已经画上了一个句号。"可是我从他的眼睛里,我并没有看到句号。我觉得他还在期待着,还在希望着。我觉得我这个舅舅,有时候有点天真。他抱的希望比我还大。所以他每年都看很多报纸,中文的报刊文摘。中文的,英文的,日文的,英文看《纽约时报》,日文看《朝日新闻》,都是他的学生每个星期从香港寄来,原文的。他每天看那么多报纸,你想一个在生活上已经画上句号的人,他还有心思每天看那么多报纸吗?他还在关心着中国,关心着世界。(张马力《追思周有光——外甥女张

马力:他的眼睛已空空、他的心已走,我很难过》,《探索与争鸣》,2017 年 1 月 15 日)

张马力眼中的周有光是一个有学问、儒雅潇洒、风度翩翩的君子,是一个有历史责任感、弘毅的士子。

"现代化"的茶寿老人

张曼平,1945 年生,浙江余姚人。中国海洋大学教授、博士生导师,原民盟中海大主委。1962—1968 年北京大学化学系本科,1978—1981 年硕士,1981—1983 年博士,持有北京大学 0002 号博士证书。1985 年在中国海洋大学参加民盟,90 年代担任民盟基层委员会的组织委员,1997—2002 年担任中国海洋大学民盟基层委员会的主委。2005 年从中国海洋大学退休。

交往录

张曼平与周有光的交往源于 2010 年张森根送给张曼平的《朝闻道集》,通过书的思想传递,张曼平对周有光产生了浓厚的兴趣。2011 年 10 月 31 日,两人终于见面,张曼平在张森根的陪同下到朝阳门附近的住所拜望了周有光,畅谈互联网、英国时事等,张曼平发现周有光并没有为年纪所限,依然紧跟时代潮流。

2010 年获张森根先生赠阅周有光老先生作于 105 岁高龄的《朝闻道集》之后,便对周老先生的深邃思想和传奇一般的百年人生产生了浓厚的兴趣。觉得如果有机会一定要去拜访老人家。

周老在 2010 年出版的《朝闻道集》,是一本说真话的书。这本书记录周先生生命中一段时间的阅读和反思。在书中,他把他的真心、真情、真知毫无保留地奉献给读者。他在知识与理性的层面上,讲自己相信的话,讲自己思考过的话,绝不随风转舵,虚与委蛇,以伪充真。

他说:"真话不一定是真理,但真话一定是真理的前提。"他决不为了个人的利害关系或避祸免灾去说瞎话和昏话。有的人主张"真话不全说,假话全不说",但实际上,大话、空话、套话和"我主圣明"的话照说不误。还有人说,"真话公量说,假话不说"。当然,这也是十分无奈的。我深深地被周有光老人的思想的深邃和观察的敏锐所折服。(张曼平《紧跟时代潮流的茶寿老人》,《有光一生 一生有光——庆祝周有光先生茶寿文集》,金钥匙华文出版社 2014 年版)

张曼平与周有光的第一次交谈,聊英国政府平骚乱的方法,聊如今的互联网时代,周有光对时事都非常了解,一点老态龙钟的痕迹都没有。

2011 年 10 月 31 日,结束了在英国半年的访问居住回到北京后,我有幸在张森根学长的带领下到周有光老人在朝阳门附近的住所拜见了周有光老。在我们一小时聊天中,除了问候寒暄之外,我谈及了英国的一些近况,说到英国伦敦等城市当年 7 月的骚乱和英国政府完全基于法制平息骚乱的做法,也谈及了许多关于互联网、黑客、防火墙的话题。对这些领域,他都非常了解,我们聊得也很深入。交谈中,他甚至还问我一个令我汗颜的问题,你看到今天《京华日报》24 版的一篇文章没有?我只好如实回答:现在有互联网以后,我很少看纸质的报纸。他就娓娓道来那个报纸报道的故事。老人虽然行动不便常居于家中,但是保姆每天给他买来报纸给他阅读,对国内外大事了解十分清楚。老人的远期和近期记忆力都是非常好的,虽然他自己上不了网,但是他请了两个保姆,一个负责照料他的生活,一个则作为他的信息来源,上网读报等等,所以老人得以紧紧地把握着时代的脉搏。(张曼平《紧跟时代潮流的茶寿老人》)

周有光有很强的社会责任感和历史使命感。汉语拼音让我们没有错过大众化的语词处理机时代,周有光功不可没。

从周有光老人近年出版的著作表上看到,老先生在百岁高寿之后几乎是一年一本书。在见到周老先生之前,我在想,周老近年的著作肯定是由他口述,再由秘书或者朋友给整理加工成文。但是在周老先生这里我得到了答案,周老先生的所有文章都是他亲自在一台老式的电子文字处理机敲键盘打出来的。我在1987年曾经买过一台日本夏普公司生产的电子打字机，用拼音输入，热敏打印头和色带转移打印，一个三寸半软盘作为存储介质。但是这种打字机不能联网，存储于磁盘的文件格式也与微软的文本文件不兼容，所以周老只能把写成的文稿打印在纸上，由保姆再次录入电脑上网或者发送。106岁的老人能够自己使用汉语拼音写文章，这一点也是除了周老之外，其他老人很难做到的。

周老曾语重心长地说："我们失去了一个大众化的打字机时代。现在，来到了计算机时代。如果输入汉字必须经过记忆编码的特别训练，不能像外国字母那样方便，那么，中国计算机也只能由专业者使用。不能成为大众化的语词处理机。我们在失去一个大众化的打字机时代后，不能再失去一个大众化的语词处理机时代。"现在中国有13亿手机用户，51亿QQ用户，几乎人人都可以轻而易举地在手机或者电脑上面快速地打出汉字进行交流，发微博、上百度、淘宝、聊QQ……正是周老先生发明汉语拼音的功劳。13亿人都能用手机，发汉字短信，这一点可能当年周老先生在制定《汉语拼音方案》的时候还始料未及吧。这才真正是大众化，最大的大众化！

周有光先生今年已经108岁了，在见到他以前，我以为他肯定已是老态龙钟、朽气十足了。然而，事实恰恰相反，在我们见面聊天的一个小时中，他一直端坐在他的书案旁。当年106岁的他除了稍微有些耳聋，和他交谈需佩戴助听器，以及行走有些困难之外，其他方面都"平安无事"，而且思维清晰，反应极快，充满活力，对新生事物有着极其敏锐的观察力和接受能力。和他聊天，几乎就和一个知识渊博的中年人聊天一样。（张曼平《紧跟时代潮流

的茶寿老人》)

张曼平与周有光的一次见面,让我们看到了一个紧跟时代潮流、关心国家大事的周有光。

当代说真话的大师

张森根,1937 年生,上海人,1961 年毕业于南京大学(本科),1964 年毕业于复旦大学(研究生)。1965 年入职中国社科院拉美研究所,1988 年评为研究员。中国社会科学院教授、博士生导师。曾任中国社科院拉美所经济室主任和社会文化室主任,所学术委员会副主任,中国社会科学院研究生院拉美系主任。主要论著和译著有:《战后拉美地区经济结构的变化和特点》《中美洲国家经济增长模式的历史考察》《拉丁美洲的经济民族主义》等。

交往录

张森根与周有光的交情深厚,两人相识于 20 世纪 80 年代末 90 年代初。当时,由北大历史系教授张芝联每年组织召开一次光华大学暨附中校友会,会场设在民盟中央大楼内。开会时,周有光夫妇端坐在主席台上,因为他们都是光华老校友。张芝联新中国成立初期任附中校长,而张森根当时是初中一年级学生。周有光哲嗣周晓平也是附中校友,2004 年开始,张森根和周晓平同时入住五环边上的社区,成为楼上楼下的邻居。从这时起,周有光时常让周晓平捎文章和材料给张森根阅读,二人就这样熟识起来。张森根为周有光的思想的留存与传播作出了重大贡献。周有光的著作在最近几年密集地出版,为传播周有光的启蒙思想打下了良好的基础。在整理、出版、传播等等的工作中,他成为一个完完全全的志愿者。他和其他几位前辈,如李锐先生、资中筠先生等,对周有光的思想启蒙价值作出了基础性的阐述和解读,发挥了学习、传播周有光启蒙思想的引领作用。张森根十分敬佩周有光,对周有光的著作有深刻的研究和理解。他兢兢业业,不辞辛劳,主持、编辑、出版了周有光近年来的一些著作,为向社会传播周有光的文化思想,弘扬周有光的懿德品行,作出了不可磨灭的奉献。

周有光是我们当代说真话的大师。我认为他的可贵不光是学问,他的处事都是我们这一代的榜样,我们跟他的差距不光是学问,还有处事方面的差距。周有光是一位真正的大师,讲真话的大师,从来不讲违心的话。他一生有光,离休回家之后的 28 年,更是光彩夺目,光彩照人,光彩迷人,迷倒了一批一批老先生,而且将要迷倒一代又一代的人。因为他对当代的国情看得最透,对中国需要走什么道路,采用什么制度文明,采用什么理论框架,老先生了如指掌,相当自信。他对我们国家的未来从来没有丝毫的迷茫的观点,他一生是燃烧自己,把自己的智慧全部贡献给社会。他说,"真话尽量说"算什么一回事,有什么不能说的,在学理上,在知识层面上什么话都可以说,把心里想的话都应说出来。

我认为现在要树立这样的风气,大家讲真话,但是现在这个风气,比如说假话、大话、官话,而且说这种假话的人升官发财,得到好处,说真话的人让你靠边,叫你下岗,如果这种风气不解决,中国没有希望。现在有各种各样的危机,最大的危机是说假话的危机,不说真话的危机,这是中国的总危机。官方的文章也说,道德滑坡。从我们自身开始包括一些年轻同志,大家来说真话,学周有光绝对不说假话的品质,这是我的一个想法。(张森根《周有光是当代说真话的大师》,《有光一生 一生有光——庆祝周有光茶寿文集》,金钥匙华文出版社 2014 年版)

张森根详细地讲述过周有光的语言文字工作历程,取得的成就。

1955 年,国家要进行语言文字改革,他从上海奉调到北京中国文字改革委员会,开始专职从事语言文字研究。50 岁开始改行,他却取得了卓越的成就,他创制的《汉语拼音方案》使得汉字从此有了"音标",不仅方便当时的国人扫盲,也为中国文化走向世界搭建了一个桥梁。

周有光上大学时主修经济学,语言文字学只是他的兴趣所在。大学毕业后,他到银行工作,用的是金融学知识。27 岁时,他考取日本京都大学,原本打算拜著名的经济学家河上肇为师，但当时此人被日本政府关押。周有光不打算为了一张硕士证书滞留日本，就提早回国了。40岁时，他被新华银行派去美国工作，这期间他不可能进大学攻读硕士、博士学位，只能在工作之余去纽约大学、哥伦比亚大学选修课程、旁听讲座，晚上则到纽约图书馆看书自修、研究问题，直到10点闭馆才回家。除了提高主业经济学方面的水平，此时他还有意大量搜集语言文字学方面的资料，为回国后撰写学术论文和专著提供了充实依据。

1956年，周有光赴京改行参加中国语言文字的现代化工作。到北京后，50岁的他等于从头开始。面对周围一大批国内顶级的语言文字学家，他只是个小字辈。如果想要脱颖而出，一方面靠他平时的积累，一方面还要发挥他百折不挠的自学劲头和钻研精神。如果没有勤奋读书、刻苦钻研的本领，他不可能在众多专家中脱颖而出，也不可能完成上级指派的任务。正是靠着这种自学的精神，他开始在参与研制《汉语拼音方案》、创建现代汉字学、研究比较文字学、研究中文信息处理和无编码输入法等方面显露头角。

与周有光同时代的人中，自学成才的人很多，这对他深有启发。如他敬重的胡愈之，周有光就认为他的学问"几乎全部是自学得来。他的自学能力之强、悟性之高、透视之深，使人惊异，是青年们的楷模"。周有光开始对调入北京改行想不通，胡愈之说："这是全新的工作，大家都是外行。"周有光受到胡愈之人格的感染，到北京后更加发奋自学，迅速从外行变成内行。他曾向我们提过多个自学成才的楷模，如光华大学创始人、校长张寿镛，他从清代学者、淞沪道尹成为国民政府财政部次长和现代理财专家；周老的连襟沈从文，只念过小学，以创作小说成名，后来成了北大教授，还靠自学与钻研精神写出了关于中国服饰史和瓷器史的传世之作。在周有光看来，这些事例说明，文凭与学历并不完全代表才干与本事，重要的是要确立终身自学的观念。（张森根《勤勉诚朴，壮美灿烂的百岁人生——我所了解的周有光》，《纵横》，2021年1月）

周有光的收入从50年代的1000多元降到500多元，"文革"前只有200多元，日子过得很吃紧。朋友们劝他担任行政职务，否则级别低工资提不上去。但周有光不当官的信念很坚定，他一直守着这条底线。刚到文改会（中国文字改革研究委员会）工作时，因为吴玉章政治地位高，周有光有专车接送。吴玉章去世后，文改会从部级降为局级，他只能挤公共汽车了。但他看得很淡，自我解嘲说："使尽吃奶力气，挤上电车，借此锻炼筋骨。为打公用

电话，出门半里，顺便散步观光。"（张森根《周有光是当代说真话的大师》）

周有光不图虚名，始终认为"汉语拼音之父"是个虚妄的名头。

周有光生前曾多次明确表示过，自己不喜欢别人以"汉语拼音之父"称呼他，他认为这是个虚妄的名头。他曾对《走读周有光》一书的作者陈光中说：

北师大有一个叫《中国教师》的杂志，杂志的主编来访问我，他的题目就叫"汉语拼音之父周有光"。我把它改掉了。改掉之后呢，文章题目就没有"拼音之父"了，文章里面也没有这个话。可是它前面有一个"编者按"，"编者按"里有"拼音之父"。"编者按"也没给我看。这样子，这个东西就传出去了。我不喜欢这样子，我不喜欢吹牛。我多做点工作那有什么事啊，因为我是文改会的拼音化研究室主任嘛。工作都是我们大家做的嘛。

他功成不居，不图虚名，老实做人。回首当年往事，对于那些汉语拼音研究先驱者以及曾经一起工作过的领导和同事们，他始终赞赏有加。他写过许多纪念他们的文章，被他提及的人物有卢戆章、蔡元培、瞿秋白、倪海曙、叶籁士、胡愈之、罗常培、王力、胡乔木、吴玉章、吕叔湘、魏建功、陈望道……他极少提到自己。

陈光中曾追问周有光："那你要是给自己定位，你觉得叫什么呢？汉语拼音的……"周有光答道："汉语拼音制作人之一！有的人说是主要的制作人之一，也可以。"

他的回答不仅是客观的，而且是真诚的。因为他始终自认是一个"非常平凡的人"。（张森根《勤勉诚朴，壮美灿烂的百岁人生——我所了解的周有光》，《纵横》，2021 年 1 月）

张森根还认为研究周有光语言文字工作成就要与周有光 85 岁后的思想相结合。对周有光的语言文字学研究要深入下去，也得了解他 85 岁以后的研究。

周有光的发展是很自然的，他从字母、语言、文字，从文字学研究再到文化学研究，最后讲到历史规律、社会规律，这条路走得很自然。学语言学的人要看周有光在 85 岁到 110 岁之间写了什么东西，把它吃透再回过头来研究周有光的语言文字学，才能有深度。（张森根《周有光是当代说真话的大师》）

周有光做学问讲求一个"真"字，不盲信学术权威。

周有光对一些学术权威反对拼音、汉字简化和古书今译的谬论也给予不留情面的抨击。他指出，利用拼音不是废除汉字，而是帮助汉字。人类进入信息化社会,怎能不依靠拼音来处理信息呢? 况且,拼音对中国儿童和外国人学习汉字有重要的推动作用。他还指出,甲骨文中就有简繁之分,书法家王羲之经常写简化字,删繁就简是"汉字和一切文字的共同规律"。古书今译也早已有之,历代都有用当代字体写古书的案例,他觉得"认为文言文比白话文优美那是心理错觉,目前有一股复古风,这是缺乏时代意识和自信心的表现,青年们不可误入歧途"。

周有光对国人争论不休的问题从来都说真话,而且直来直去,一吐为快。在知识与理性的层面上,他把自己的真心、真情、真知毫无保留地奉献给读者。(张森根《勤勉诚朴,壮美灿烂的百岁人生——我所了解的周有光》,《纵横》,2021 年 1 月)

从张森根与周有光的交往中,我们看到了周有光一生学术与思想的一致性。周有光淡泊名利,不畏强权,是一个真诚的人。104 岁的周有光在《朝闻道集》中说:"全球化时代的世界观跟过去不同,主要是过去从国家看世界,现在从世界看国家。过去的世界观没有看到整个世界,现在的世界观看到了整个世界。在全球化时代,由于看到了整个世界,一切事物都要重新估价。"他用世界的眼光看中国,又用星际空间的眼光看世界。他说:"鱼在水中看不清整个地球,人类走出大气层进入星际空间会大开眼界。今天看中国的任何问题,都要从世界这个大视野的角度,光从中国角度是什么也看不清的。""孔子说:'登东山而小鲁,登泰山而小天下。'今天还要添上一句:'登月球而小地球。'地球的确太小了,不能再说'大地',它已经成为一个小小的村庄,叫作'地球村'。"

德高为师　学高为范

张万有，1943 年生，辽宁建平人，中共党员，赤峰学院语言学教授。1969 年 7 月沈阳师院（今沈阳师大）毕业后留校任教。1978 年 12 月志愿支边，调入赤峰师专（今赤峰学院）任教，直至退休。曾多年担任语言教研室主任，他所负责的课程组"现代汉语"是学校最优秀的示范课程，他也是重点学科带头人。他长期兼任全国高师现代汉语教研会副会长、内蒙古语言学会常务理事、中国修辞学会会员、全国汉语方言学会会员、赤峰学院老教授协会副会长兼老科协理事。先后出版专著和主编、参编著作 30 余种，发表论文百余篇，荣获奖励 37 项。他治学严谨，学风端正，在汉语修辞、方言、现代汉字、辞书编纂、语言文字规范化等多个领域，均有较深入的研究并多有创见。他深入实地，调查方言，首次揭示了独具三调的八里罕方言岛的本质特点，纠正了三位专家的偏误，由此八里罕方言被列为国家濒危方言第 201 个"语保"工程项目。2004 年 4 月退休后，不久就被聘为国家语委课题组专家，从事国家重点科研项目系列规范辞书的编写、修订和审定工作，他是该项目中的骨干编修者之一。

交往录

张万有曾因在国家语委规范词典课题组工作而结识周有光，二人曾是邻居。2008 年 6 月，张万有因对"现代汉字学"的研究遇到了一些问题，于是拜望周有光并向他请教。时隔四年，2012 年 4 月张万有第二次拜望周有光，除了谈论学习周有光的赠书《百岁口述》的心得，还汇述了现代汉字研究和用拼音打字的点滴收获。此时的周有光已年届 107 岁，但还是欣然为张万有七十华诞《庆贺文集》题写了"酷爱教育，勤于笔耕"的笔力遒劲的贺词。

我退休后不久就被聘到国家语委《现代汉语规范词典》课题组，从事字词典的编写工作。我们和周有光同住国家语委（原中国文字改革委员会）家属大院——北京市东城区朝内大街后拐棒胡同甲 2 号，周有光住北面新一楼一单元三楼，我们住南面排字楼二楼，所以经常看到周有光坐在轮椅上由保姆推着出来晒太阳、活动筋骨，偶尔也跟老人家摆摆手打个招呼。（张万有《德高为师　学高为范——记我与周有光先生的两次学术互动》，《赤峰学院学报（汉文哲学社会科学版）》，2017 年第 4 期）

周有光在语言文字工作上的成就卓著，不拘泥于历史，具有超前的洞察力，推进了语言生活的发展。

周有光作为著名语言文字学家、杰出文字改革家，他参与制定《汉语拼音方案》、促成国际投票通过《汉语拼音方案》成为拼写汉语的国际标准等方面做出了突出贡献。他早年提出的"现代汉字学"的著名观点，首见于《现代汉字中声旁的表音功能问题》，后又见于《汉字声旁读音便查》的《序言》和《后记》以及《现代汉字学发凡》。周有光认为："汉字学可以分为两部分：一、历史汉字学，二、现代汉字学。""现代汉字学以现代汉字为研究对象，目的是为今天和明天的应用服务，为'四化'服务，尽量减少汉字在现代生活中的应用不便。""'现代汉字学'是个新名称、是件新事物。它播种于清末，萌芽于'五四'，含苞于解放，嫩黄新绿渐见于今日。它是时代的需要，有待切实研究。""在汉字学的领域里，应当厚今而不薄古，开今而不泥古，用今而不废古。"（《汉字声旁读音便查·后记》）此外，他在《现代汉字学发凡》中也详细论述，他说："现代汉字学研究的问题和研究方法跟历史汉字学很不相同。……这绝不是抛弃或背叛历史汉字学。"

"现代汉字"这个术语虽然在周先生之前就有提及（丁西林 1952 年 8 月，黎锦熙 1952 年 9 月，吴玉章 1955 年，魏建功 1964 年，文之初 1965 年 9 月），但作为一门学问——"现代汉字学"的明确提出当属周先生。自周先生提出"现代汉字学"的观点后，响应者众。其中，上海师大高家莺和华东师大范可育两教授撰写的《建立现代汉字学刍议》（1985 年 4 月）揭开了高校《现代汉语》教材"文字"部分的改革序幕。研究现代汉字学的论著也不断出现，如苏培成、费锦昌、高更生等的名家大著。张万有于 1969 年 11 月大学毕业后,一直在高校主要从事"现代汉语"的教研工作,权且算是周有光麾下的一名小卒。张万有不仅把周有光的理念贯彻到"现代汉语"教学中,在学生毕业实习前的"汉字过关"中也尽力贯彻了这一思想。在张万有编著的《现代常用汉字规范字典》(2006 年 4 月)中同样运用了现代汉字的字符分析即构字法分析和现代汉字的核心结构单位——部件的分析,在研究诸家著述的基础上,总结归纳出"意符字、意音字、记号字、意号字、音号字、意音号字、合音合意字"等 7 种构字法(详见《字典·前言》),并运用到每个常用汉字的分析中,这在学界尚属首次。《字典》出版后,影响广泛,有多篇书评予以评论。(张万有《德高为师 学高为范——记我与周有光先生的两次学术互动》,《赤峰学院学报(汉文哲学社会科学版)》,2017 年第 4 期)

两人正式结缘是因为"现代汉字学",张万有因为学术问题而两次拜访周有光。

诚如周有光所言,"现代汉字学"是个新名称、新事物,因此对"现代汉字学"的研究遇到的问题越多,请教周有光的愿望也就越迫切。此外,由张万有负责修订的《现代汉语异形词规范词典》(2002 年 12 月)的"代序"——《异形词的整理和汉语词汇的歧异现象》,为周有光赐稿(时年 97 岁)。"代序"对李行健先生主持并通过专家鉴定委员会和审定委员会审定通过的国家语言文字规范文件《第一批异形词整理表》(教育部、国家语委 2001 年 12 月 19 日发布)予以充分肯定的同时,又提出一些独到见解,读后颇觉有请教周有光的必要。基于以上二因,张万有便与词典组友人商定,找个恰当的机会拜访周有光。2008 年 6 月 26 日上午 9 时,在友人引领下拜见了周有光。小书房开一门,便看见一位百岁老人侧身向外坐在书桌前乐呵呵地等待他们。周有光顺手拿出助听器放在耳郭里,不紧不慢地说:"人老了,听力减退,不戴这个不行了。"边说边叫他们坐下。于是张万有便在那张脱了漆的旧式木桌旁与周有光相对而坐。张万有说:"您倡导的'现代汉字学'的观点,我们非常赞同,我们在'现代汉语'课中也都讲'现代汉字'了,但有些问题还不甚理解,敬请周有光指教。"周有光说:"现代汉字学是一门大学问,一个泱泱大国应该有这一门学问。"接着,就张万有提出的相关问题耐心地解释,边说边从背后的书架上取下北大苏培成教授的《现代汉字学纲要》给他看。张万有说,"这本书我买了,经常拜读。"周有光说:"苏培成很赞同我的观点,也很有研究,他们北大已经率先开了这门课,很有影响。"张万有说:"费锦昌、张静贤他们也都有新著问世。"周有光马上说："贾锦昌他们那本书是请我写的'序言'。"这时张万有将手中的《现代常用汉字规范字典》双手奉上，并说："这本字典是遵照周有光的教导编写的，水平有限，恭请周有光赐教。"周有光接过字典，边翻看着边说："好啊，大家都来研究，'现代汉字学'不久不就会长成参天大树了嘛！"周有光边说边举起右手向上一指，并哈哈大笑起来。他笑得那么天真，那么可爱！面对这位慈祥的老人，张万有的崇敬之情便油然而生。这时，周有光喊保姆小田将他的新著《周有光百岁口述》取来，他戴上花镜，在扉页写上："万有先生指正"，下面又签上"周有光2008年6月26日，时年103岁"，然后郑重地送给张万有。接着，张万有又问周有光关于异形词的两个小问题。

接着周有光又说："我写作不用手写，而是用一台夏普打字机。"早在1984年，周有光就同从事软件开发的林才松先生合作研制成功全国第一台中文词语处理机（汉语拼音电脑），1988年4月日本夏普公司根据周有光"从拼音到汉字自动变换不用编码"的设想研制出世界上第一台中西文电子打字机（WL—1000C），俗称"夏普打字机"，周有光戏称"傻瓜电脑"。为答谢周有光，公司特送他一台，83岁的周有光从此"换笔"，用它写信、写文章、写书稿，效率提高了5倍。周有光是中国年龄最大而"换笔"最早的学者之一。当你读了周有光83岁时发表的《从"拆字编码"到"拼音变换"》（早见于香港1988年《语文建设通讯》，后《电脑爱好者》1994年第8期转载）的论文，就会惊讶地发现周有光从50年代就开始了编码研究，经长期多种输入法的试用，在80年代"万'码'奔腾"之时，周有光却极力主张最大众、最普及的汉语拼音输入法，即后来被称作"无编码输入法"。用这种方法不用编码就可以输出汉字，值得大力推广。周有光认为，拼音在信息化时代成了中外信息沟通交流的桥梁，拼音正在帮助中国进入全球化时代。毫不夸张地说，现在绝大多数使用电脑的人都是在自觉不自觉地用"无编码输入法"，即用汉语拼音打字、写文章、编辑书。

为当面答谢周有光的谆谆教诲，时过4年之后的一天上午，由友人陪同，张万有第二次拜望周有光。一见到身体硬朗、精神矍铄的周有光，张万有分外高兴。这次敬拜，除了谈论学习周有光的赠书《百岁口述》的心得，还汇述了现代汉字研究和用拼音打字的点滴收获。周有光点点头，童稚般地笑着说："好啊！"除此，张万有还就国家语委正在研制的《通用规范汉字表》的几个问题请教周有光，周有光都精练地予以解答。友人在一旁说出请周有光为张万有七十华诞《庆贺文集》题词的想法,周有光听后沉思片刻,欣然写下"酷爱教育,勤于笔耕"八个大字,接着照例写下"周有光 2012.04.30,时年107岁"。这题词凝聚着周有光对晚辈的提携和关怀,表达了老一辈语言学家对后学的鼓励和希望。《庆贺文集》出版时,主编将这款题词和上次合照一同收入其中,并用快递寄赠周有光,以表达我们的感激之情。(张万有《德高为师 学高为范——记我与周有光先生的两次学术互动》,《赤峰学院学报(汉文哲学社会科学版)》,2017 年第 4 期)

张万有与周有光的交往集中于学术探讨,周有光学术底蕴深厚,能一语

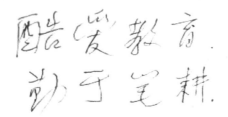

2012 年周有光为张万有七十华诞《庆贺文集》题写了"酷爱教育,勤于笔耕"的笔力遒劲的贺词

道破疑团,同时也与时俱进,83 岁开始用电脑打字工作！是一位"德高、学高"的长者。张万有通过对周有光的两次敬拜请教,深为周有光的睿智、豁达、幽默、诚挚的超乎寻常的人格魅力所感染,所敬仰！决心在周老"终身教育、百年自学"的精神鼓舞下,为语言文字规范事业竭尽绵薄,以表达对周有光的崇敬之意和深切的怀念!

点点滴滴青果巷

张跃，女，1958 年生，江苏丹阳人。中共常州市委统战部原部长，高级工程师。

交往录

张跃与周有光因常州而结识，张跃曾拜望过周有光三次。第一次在 2012 年 1 月 6 日，张跃陪时任常州市市长姚晓东到北京为周有光过生日；第二次在 2013 年 1 月 6 日，张跃陪常州市副市长方国强等领导再次到北京，祝贺周有光茶寿。第

三次在 2013 年 4 月 22 日，在周有光家中，周有光书面授权常州市委统战部拍摄电视片《周有光》。

张跃与周有光有缘。2011 年，因工作变动，从科技系统调任到统战部工作，接触的都是学养丰厚的党外代表人士，对于周有光这位既是常州籍文化名人，又是民盟盟员的传奇老人，张跃非常期盼和他相见。

两年不到的时间，我专程到北京拜访周老三次：

第一次是 2012 年的 1 月 6 日，我陪时任常州市市长姚晓东到北京为周老过生日，记得当时周老听我们谈及常州对大运河遗产实施长效保护工程时，他说："运河对于中国关系重要，因为中国河流都是东西向的，南北要通就是靠运河，中国的发达跟运河有密切关系，后来有了火车情况变了，所以

运河经过常州，历史上是一个大事情啊！"周老一席话，寥寥数语涵盖历史、地理、经济、社会的发展变迁，很让我震撼。

今年，我陪常州市副市长方国强等领导再次到北京，祝贺周老茶寿。恰巧也是 1 月 6 日，我们一见面，周老先是打趣上帝把他给忘掉了，随即和大家谈到，"现在这个时代，手机改变世界，中国是个大国，中国人打手机一般是国内通信，小国家的人一打就打到国外去了，对小国家影响很大。整个世界都在改变，不得了，将来还要变"。老人家对世界形势的关注和把握真可谓不出门尽知天下事。周老的睿智、恬淡深深地感动了我，我不止一次地想，要是能拍一部纪实片《周有光》，这定是留给后人的一笔宝贵精神财富。

有了这样一个想法，就有了和周老的第三次见面，我们统战部和江苏亚细亚影视制作有限公司商议联合拍摄人物传记片《周有光》。今年 4 月 22 日，在周老家中，周老书面授权我们市委统战部拍摄电视片《周有光》。

周老对家乡的感情非常令我感动，这次的研讨会和文集首发式放在常州，也得到了周老和家人的大力支持。记得周老跟我说过，"青果巷有意思，瞿秋白、赵元任、我都住在青果巷，我们三人都搞文字改革"。周老还称赞赵元任了不起，说他设计拼音方案时也参考了赵元任的学术成果。

2015 年 1 月，市委常委、统战部部长张跃赴北京协和医院看望病中的周有光先生，祝贺他 109 岁寿辰，并为他播放尚在剪辑中的《百岁学人周有光》片花。周有光很开心，称赞片子拍得很美，随后亲笔题写"了解过去，开创未来。历史进退，匹夫有责"，以此寄语常州人民。这是张跃第三次到北京为周有光过生日。2012 年以来，张跃多次到北京看望周有光，周有光传奇的人生和心忧天下的志士情怀深深震撼了她，市委统战部发起拍摄电视人物传记片《周有光》，并承办"周有光与中国语文现代化"学术研讨会，资助出版 15 卷的《周有光文集》。

两次拜访周有光我都请他题词，他其实很少写字，这个新潮老人运用电脑打字已二十余年。提起碳素笔来，他不好意思地笑了："字都不会写了，人过了 100 岁就退化，自然的，我退化到小学生了，明天要进幼儿园了。"随后，他认真写下"运河畅想""常州我的故乡""人文荟萃青果巷"。他为我们题写的"同心文化"派了大用场，常州市委统战部的网站更名为中国常州"同心"网，统一战线的同心实践活动设计了"同心"logo，"同心"二字都是周老的亲笔。好多次，看到周老那自成一体的"同心"，都会想起和他交谈时的情景，他深邃的思想、豁达的人生态度都对我的工作和生活产生了启迪。（张跃《他的家乡汉语言文字大师辈出》，《同心文化》，2013 年增刊）

张跃认为研究周有光这件事情最起码是让自己心灵净化，有一些好的生活质量。周有光对故乡常州非常有感情，故乡的软米粉、故乡的青果巷承载了周有光太多的记忆。

1906 年 1 月 13 日，在我们一条非常著名的巷子——青果巷里周老诞生。他在常州读完了小学和中学，特别是中学是我们常州非常有名的常州府中学。正如周老自己所言，他在家乡度过了快乐的童年，在常州府中学接受了很好的教育。后来一路往外，从常州到了苏州，到了上海，再到了国外，离故乡越来越远。我们拍了一个六集的电视纪录片《百岁学人周有光》。周老对我们常州府中学评价非常高，他谈了当时每天上几个小时的课，哪些课，怎么治学的。而且从那个学校一毕业英语的口语能力就相当强，交流没有问题。为了求知识、求真理他确实离故乡越来越远，但是他的心随着年纪的增长和故乡却越来越近。

今年的 4 月 23 日我到协和医院去看望他，他问我怎么来的，我说乘高铁来的，他说高铁是一个进步。我问他想不想坐高铁，他说我坐高铁没有问题，他也非常想回家乡来看看。我说他是我们常州大学周有光语言文化学院的终身院长，能不能到常州去和常大的师生讲一课？他说我去讲一个小时，没有问题。我觉得这样一位一百一十岁的智慧老人，他的游子归乡心情是非常感人的。我也真的希望他百岁高龄时能够回到家乡，看看思念的青果巷。可以告慰周老的是，家乡常州发展得越来越好，而且家乡人对周老的感情，上至书记市长，常州的学者，下到青果巷的普通居民。大家有的上门看望周老，有的为他邮寄物品，我们常州的乡亲和北京的周老一直有一根线牵着，我想这不仅是乡情，也是家乡人对周老人格魅力和思想精神的一种礼赞和推崇。周老的儿子晓平老师也多次提到：爸爸的人格和志向都是在常州养成的，他对常州有很深的感情，常州的人民来看望爸爸，给爸爸的晚年生活带来了很多快乐。特别是爸爸生病后维持生命的两种食物：一种是协和医院配置的营养素，还有一种就是常州市委统战部一直保持供应的常州金坛的软米粉。周老现在一日三餐都吃这个米粉。对故乡的记忆伴随周有光一生，两次为周有光过生日，我都精心准备了大麻糕、萝卜干、梨膏糖和横山桥百页等常州特产。看到包装精美的大麻糕，周老笑了："好漂亮的，麻糕也现代化了。"看到萝卜干，他说："萝卜干也很好的，现在日本萝卜干销到北京了。"从小萝卜干洞悉世界大经济,周有光不经意的一句话不禁令我等汗颜。

我做统战部部长之后也争取常州市委市政府的领导,资助出版了十五卷的《周有光文集》,举办了周有光语文现代化的学术研讨会。我还争取我们的企业家筹资一百八十万南下北上拍摄了六集的人物传记片——《百岁学人周有光》。这个也在中央电视台十频道的探索发现栏目和教育频道,包括我们江苏卫视和常州电视台都进行了播放。同时今年作为他一百一十岁的礼物,我们把电视片的配音还有主创人员的一些拍摄感悟和拍摄的侧记编了一本书,这本书周老写了序,晓平老师后面也写了话。(据浙江大学周有光语言文字学研究中心成立仪式暨语文现代化高峰论坛的发言稿整理)

我倡议在周老的家乡常州设立"周有光语文现代化贡献奖",原则上每两年评选一次,每次表彰1人,凡在全国各大中院校、科研机构从事语言文字学研究的人士,或在语文现代化领域有杰出贡献和成就的健在人士,均有资格参评。《汉语拼音方案》在电脑时代还有许多新的问题,我们设立这个奖项的宗旨就是为更好地传承周有光先生实事求是、开拓创新的学术理念,鼓励和引导汉语言文字学领域的专家学者为中国语文的进一步现代化不懈努力。

2013年1月6日,常州市副市长方国强(左一)、常州市委统战部部长张跃(左三)和民盟常州市委主委赵忠和(左四)、常州市文广新局局长陈建共(左二)向周有光赠送乱针绣作品,祝贺他108岁生日快乐(李梅香摄)

我们打算以基金的形式成立"周有光语文现代化贡献奖",衷心地期望能得到国家语委的支持,让"周有光语文现代化贡献奖"设立起来,把优秀语言文字学工作者推荐出来,这是我们常州人民的一个心愿,也是家乡人对周

有光先生表达敬意的最好方式。（张跃《他的家乡汉语言文字大师辈出》，《同心文化》，2013年增刊）

　　从张跃与周有光的交往中，周有光对故乡常州的关切、热爱、怀念之情油然而生。

涓涓细流式的爱情

张允和，女，1909 年生，2002 年
8 月 14 日逝世，安徽合肥人，长于苏
州。著名的"张家四姐妹"（"合肥四
姊妹"）中的"二姐"，中国语言文字
专家、汉语拼音的缔造者之一周有
光的夫人。张允和毕业于上海光华
大学（今华东师范大学）历史系，曾
为高中历史老师、人民教育出版社
历史教材编辑，1952 年"打老虎"运
动后离职。1956—1964 年任北京
昆曲研习社联络小组组长，工作属
义务性质，故张允和自称"家庭妇
女"。晚年致力于写作，著有《最后
的闺秀》《昆曲日记》等书，并续办家
庭刊物《水》杂志。张允和 1933 年

结婚，育一子周晓平、一女周晓禾（早夭）。张允和与周有光共度七十余年，
伉俪情深。

交往录

张允和与周有光的交往从青年到晚年，二人相互陪伴七十余年，经历过
风风雨雨，爱情亲情的力量鼓舞他们继续乐观前行，他们的爱情如涓涓细流
般流淌至生命时光的深处。

　　周有光与张允和从认识到结婚的八年时间里,交往可以分三个阶段:第一个阶段,很普通的往来,主要在苏州;第二个阶段,到了上海开始通信往来,互生情愫;第三个阶段,周有光在杭州民众教育学院教书,而张允和本来在上海读书,正好赶上浙江军阀与江苏军阀打仗,苏州到上海的交通瘫痪了,于是她就到杭州的之江大学借读。在杭州这一段时间,就是他们恋爱阶段。据周有光回忆:

　　我跟她从做朋友到恋爱到结婚,可以说是很自然,也很巧,起初都在苏州,我到上海读书,她后来也到上海读书。后来更巧的是我到杭州,她也到杭州。常在一起,慢慢地、慢慢地自然地发展,不是像现在"冲击式"的恋爱,我们是"流水式"的恋爱,不是大风大浪的恋爱。(《周有光与张允和流水般的恋爱》,中国网,2009 年 8 月 5 日)

　　1925 年在苏州时,16 岁的少女与 19 岁的少年相识。

　　因为周有光的妹妹周俊人是张允和在"乐益女中"的同学,两家的兄弟姊妹经常往来。但是,认识以后有几年时间他们并没有单独的接触。

　　1928 年相恋,张允和考入上海的中国公学,周有光正在上海的光华大学读书,周有光到公学去找张允和,张允和经常东躲西藏不肯见,那种"犹抱琵琶半遮面"的感觉甜蜜而温馨。

　　张允和在 1988 年写过一篇纯美的文字,叫《温柔的防浪石堤》,写的是1928 年秋天的一个星期天的黄昏,"有两个人,不! 有两颗心从吴淞中国公学大铁门走出来。一个不算高大的男的和一个纤小的女的"。虽然他们的距离约有一尺,但这算不算他们的第一次约会呢? 他们走在石堤上,凭海临风,有风吹动,有云飘浮。他从口袋里掏出一本蓝皮小书,是英文版的《罗密欧与朱丽叶》,书里夹着个小书签,是两个恋人相见的那一幕,大意是"我愿在这一吻中洗尽了罪恶!海涛拍打着石堤,江水滔滔东去,两个人静听着彼此的心跳。她坐在他的左边,他的右手抓着她的左手,他想换一只手,他想跟她面对面,但是她却把脸扭向了更左边。"她虽然没有允许为他'洗净了罪恶',可是当她的第一只手被他抓住的时候,她就把心交给了他。从此以后,将是欢欢乐乐在一起,风风雨雨更要在一起。"

　　张允和二年级转入上海光华大学读书,而周有光已经在杭州民众教育学院教书。一次,周有光的姐姐到上海来玩,他借询问姐姐的情况给张允和写了第一封信。那封信可以说是有意写的,也可以说是无意写的,很自然的。收到第一封信,她很紧张,就跟她一个年纪大的同学商量,她的同学一看,这个信是很普通的,你不复他反而不好,就开始通信。而通信也总要找一件恰当的事情,没有秘密,谁都可以看,就是当事人需要煞费苦心。暑假张允和回杭州,二人见面时感到了淡淡的羞涩。(张允和《最后的闺秀》,生活·读书·新知三联书店 2012 年版)

周有光在学术上也非常刻苦认真,以至于婚后多年张允和经常"抱怨"周有光眼中第一位的是文章,第二位才是老婆,其实在 20 世纪二三十年代已是如此。这也为周有光后半生转行语言学奠定了基础。

1929 年引发于美国的经济大萧条,这一时期,周有光与大多数中国知识分子一样,相信马克思主义给中国社会带来的变革是积极和进步的。不仅如此,整个西方世界经历经济危机后的悲观情绪,也让更多人倾心于共产主义的魅力。但周有光并非一个非此即彼的人,他对政治的认识及兴趣有限。业余时间他更热衷于在叶籁士创办的《语文》杂志上写点儿与文字改革有关的文章,生恐文章幼稚,他用笔名"周有光"发表。后来人们记住了"周有光",淡忘了"周耀平"这个名字。1955 年 10 月,国家文字改革委员会邀请他到北京参加拟订《汉语拼音方案》及文字简化工作,任文字改革委员会研究员和第一研究室主任,从此他在语言文字研究领域做出了卓越贡献。1961年他出版《汉字改革概论》,是系统论述"汉字改革"的开山之作。在美国国会图书馆,既藏有经济学家周有光的著作,又有作为语言文字学家周有光的著作。

在杭州,周有光与张允和正式交往,这期间也产生了许多美好的小趣事。

1932 年,上海"一二八事变",日军炮轰吴淞口,为了安全,张允和到杭州之江借读,真正开始了与周有光的恋爱季节。周有光说:"杭州地方比较小,又方便,附近又好,我们周末到西湖玩,西湖是最适合谈恋爱的。"1932 年春,在杭州六和塔下,恋爱中的周有光第一次为张允和拍照,碧树掩映,绿草葱茏,张允和的映山红色旗袍显得格外醒目。上有天堂,下有苏杭,花前月下,良辰美景,才子佳人,情意绵绵,"重重叠叠山,曲曲弯弯路,叮叮咚咚泉,高高下下树"。良辰美景伴着他们的恋情由朦胧走向成熟,一双惹人羡慕的"才子佳人",一对洋装在身、洋文呱呱叫的新式青年,却怎么也鼓不起挽着手并肩走的勇气。

有一次,在他们游杭州灵隐寺的上山途中,一个老和尚一直跟在后面,恋人走他也走,恋人停他也停,恋人的声音小了,他的距离也就近了,恋人坐在只能容两个人坐的树根上休息,他也侧身坐了下来。后来,老和尚终于忍不住凑过来指着高鼻子的张允和低声问道:"这个外国人来中国几年了?"周有光笑着告诉他:"三年了。"老和尚的好奇心终于得到了满足,"难怪中国话讲这么好!"(张允和《曲终人不散》,中央编译出版社2012年版)

1933年4月30日,周有光和张允和相识相知相恋8年的爱情终于修成正果,进入婚姻殿堂。却被算命先生说八字不合,结婚日子不好。

他们要邀请尽可能多的朋友,于是选了一个周末的日子,印了200张喜帖。最先送的是张家女眷中最年长的大姑奶奶,大姑奶奶看了喜帖上的日子,吩咐拿了黄历来查,结果出了麻烦,这日子恰好是阴历的月末,是个"尽头日子"。喜帖只好作废重印,这回选的是远离尽头日子的星期日,大姑奶奶才点了头,200张喜帖很快发了出去,可这回选中的却是真正的尽头日子——阳历4月30日。但他们相信旧的走到尽头就会是新的开始。

家里的保姆不放心,又把两个人的生辰八字拿给算命先生看,算命先生一口咬定:"这两个人都活不到35岁。"

他们的婚礼在上海举行,他们特意把桌椅布置成马蹄形,因为马走过的地方就有路,有水,有草,有人,有生命,有幸福……二百多位来宾带着最真诚的祝福他们共度人生最幸福的时刻,四妹张充和演唱昆曲《佳期》,未来的大姐夫顾传玠吹笛伴奏。

留下吃饭的客人刚好是100位,算上新郎新娘,两元一客的西餐,总共102客。

张允和天生性急,说话做事节奏都快,张家10个姊妹兄弟,她第一个披上了婚纱。结婚前,周有光在给张允和的信中说:"我很穷,怕不能给你幸福。"张允和回了一封10张纸的信,意思却只有一个:"幸福不是你给我的,是要我们自己去创造的。"从那时起,他们就要共赴风雨,一起创造幸福。(周有光、张允和《今日花开又一年》,中国文史出版社2011年版)

婚后周有光和张允和历经劫难,两人相互扶持走过了这一段被批斗、丧女、贫穷、分离的艰苦岁月。

周有光沉稳,张允和活泼;周有光喜欢西洋音乐,张允和一生都爱昆曲;周有光喜欢喝茶,张允和喜欢喝咖啡,性格爱好大相径庭的他们携手走过这一生,主要得益于两人的共同点——乐观,陪伴。音乐爱好不同的他们相互陪伴,出入成对。

张允和喜欢中国古典音乐,周有光喜欢的却是西洋音乐。恋爱时,周有光曾几次约张允和去听西洋音乐会,而她每次都把它当成了催眠曲,美美地睡着了,这让周有光觉得又窘又好笑。尽管如此,周有光说:"结了婚,她听中国音乐我去参加,我听西洋音乐她去参加。"晚年张允和热衷昆曲,经常去参加昆曲研习社演出、会议,而本身对昆曲并不感兴趣的周有光,也经常陪伴在她的身边,出双入对,不甚甜蜜。(温秀媚《周有光与张允和:任天荒地老,多情人不老》)

幽默乐观的共同点支撑周有光与张允和走过平淡的岁月,增添生活的乐趣,熬过艰难时光。

1934 年 4 月 30 日,也就是他们结婚一周年纪念日,儿子周晓平出生,她在书中幽默而深情地回忆,"多少年来我总爱骄傲地说'我结婚那天生的孩子',大家笑我,我才想起忘了说'第二年'"。

后来"文革"的灾难来势汹汹,他们也未能逃脱。一家五口三地分居,她也因此受过批斗,她曾在《小丑》一文中回忆。有一次,两个年轻小伙子闯进她家要批斗她,让她考虑 5 分钟后,把问题"交代"清楚。她看着这两个小伙子,心想他们一个是白脸的赵子龙,一个是黑脸的猛张飞,于是又由此想到唱戏,想到自己曾演过的小丑,然后回到眼前的现实,想到自己又是在扮演小丑的角色了。五分钟时间到了,一声喝令,该交代了,她想,"如果再给我五分钟,我就可以写一篇《论小丑》了"。看她的文章和回忆,总能轻易被她逗乐,让人感受到一种达观的智慧和精神的能量。她自己也说:"我往往在生活的危险关头,想到一些有趣的事。"而这乐观的情绪不仅影响了她自己,还影响了周有光。周有光当时被打成"反动学术权威",下放干校。当荧屏上年迈的周有光回忆那段日子时,他却风轻云淡,一笑而过。他说那两年为他打开了更广阔的视野。说起批斗时,天空中百年一遇的大雁集体排便,淹了整个会场,唯独他戴顶大帽子幸免于鸟粪。而劳动之余,他会研究带去的各种语言版的《毛主席语录》,忙里偷闲做学问,保持精神的独立和自省。(温秀媚《周有光与张允和:任天荒地老,多情人不老》)

其实张允和还有"攀比"的可爱一面。

张允和说她的书比周有光的书销路要好,大概是某一时期某个书店,《最后的闺秀》卖出 200 多本,周有光的《比较文字学》仅卖出 19 本。张允和说她的文章是以家为中心的,人人都有家,所以大家会感兴趣写家的书。其实周先生所谓的"小著"《人类文字浅说》作为普及型读物也深受读者欢迎。

2002 年 8 月 14 日,张允和安然去世,享年 93 岁,周有光难以忍受痛苦。

坐在床前的他一直握着她的手不放，不愿她离去。一向豁达的他难以自抑，他说，我的半边天塌了。"我不知所措，终日苦思，什么事情也懒得动。我们结婚70年，从没想过会有一天二人之中少了一个。突如其来的打击，使我一时透不过气来。我在纸上写：昔日戏言身后事，今朝都到眼前来。那是唐朝诗人元稹的诗，现在真的都来了。"（温秀媚《周有光与张允和：任天荒地老，多情人不老》）

周有光在张允和的遗著《浪花集》的出版后记中这样写道："突如其来的打击，使我一时透不过气来。后来我忽然想起有一位哲学家说过：'个体的死亡是群体发展的必要条件'；'人如果都不死，人类就不能进化'。多么残酷的进化论！但是，我只有服从自然规律！原来，人生就是一朵浪花！"（张允和《浪花集》，浙江大学出版社2016年版）

启蒙时代的智者

章立凡，1950 年生，浙江青田人，爱国民主人士章乃器之子，中华慈善总会理事，近代史学者。主要研究领域为北洋军阀史、中国社团党派史、中国现代化问题及知识分子问题等。曾长期参与多卷本《中华民国史》的撰稿。发表《风雨沉舟记》《都门谪居录》《长夜孤灯录》《乱世逸民》《闲品毛诗》《甲申再祭》等文史作品多篇；结集作品有《君子之交》；合著有《转型期的中国：社会变迁》《七君子传》《中国大资本家传》等；编有《章乃器文集》（上、下卷）、《记忆：往事未付红尘》。新浪微博社区委员会专家成员。在海内外报刊发表文史作品及时评数百篇，在《财经》、《中国周刊》、人民网、《南方都市报》辟有专栏。

交往录

章立凡家与周有光是世交，渊源深厚，但章立凡见到周有光是非常晚的，大概是 21 世纪零几年时拍一个电视专题片，章立凡去周有光家拜望，二人回忆了很多往事，也显示了周有光非常关注后辈。2013 年 1 月 13 日，章立凡与许多著名学者在周有光家中欢聚一堂，为 108 岁的周有光祝寿。

周小华先生和周先生，还有我父亲，他们都是同一个时期的。那是 30 年代，到 40 年代在重庆，搞了中国工业经济研究所（我父亲是所长），周先生当时是副所长,今年到重庆档案馆去查当年工经所的档案,我还特意查周先生的相关资料,过一段时间得整理一下,也送给晓平先生。再说其他的渊源,到"文革"落难的时候。周先生到我父亲的住所来探望,当时老朋友之间的来往已经非常少。但是周先生不忘故人,在那么恶劣的政治情况下还敢于看落难的老友。再说近年"文革"结束,其实我曾经有一度也在周先生的手下工作,但是他不知道我。那时候我在大百科,周先生是不列颠百科中文版的三个编委之一,我那时候在大百科打工,其实我是在他手下,但是他不知道。然后到80年代,我又跟沈从文先生做了邻居,因为这个关系,因为我妈妈和张兆和是中国公学的同学,我们又有来往。包括像张充和先生,我们家也来过,我们有一些友谊又重续上。但是我自己见到周先生是非常晚,大概是到21世纪零几年的时候拍一个电视专题片,我去看周先生,他跟我讲很多往事。这些事情说起来都非常的久远,但是周先生还挺关注我。有一次晓平先生给我打一个电话,他说老先生说你写的文章里,因为我当时写重庆的事,有一个地名写错了一个字。你看老先生的记忆力和他的观察入微,在很多地方对晚辈的关怀和关注是一直铭记在心。

当然这么多年过去了,我们看到很多的老人,他们还在用他们的智慧来启蒙我们这个时代,我觉得现在我们的历史不应该是一个教科书式的历史。在现代这个信息时代,大家有了富媒体和博客,都有了微博,我们随时随地可以不受过去纸质媒体的限制,我们可以自由地把自己所经历的历史写出来,只有这样的历史才是活的历史。那种官修的正史,如果没有我们这些个人史在其中存在,那些官修的历史其实都是一些木板或者是一些铁板。总之没有什么生命的东西。(章立凡《眼神要好,要活得长》,《有光一生 一生有光——庆祝周有光先生茶寿文集》,金钥匙华文出版社2014年版)

从两家多年的交往中,更能体现周有光患难见真情、细致严谨、关爱后辈。

润物细无声

周和庆,女,1959年生,周有光的独孙女。因周和庆妈妈产假后回到北京西郊,工作紧张外加值夜班,而爸爸正在接受俄语集训,准备留学苏联,两人只有周末才回来看女儿周和庆。周有光和张允和便自告奋勇地承担起照顾孙女的重任,时间达六年之久。所以爷孙交往密切,周有光是周和庆人生记忆中的重要人物。从爷孙交往中,也显露了周有光慈爱、言传身教、关爱后辈的一面。

交往录

周有光对周和庆是温情的,关怀备至又有原则,是周和庆人生路上的引路人。

据周和庆回忆:

他为我做了比一般祖父更多的事,他关心我的成长、学业和前途,甚至还关心到我的下一代。对爷爷,我心中充满了尊敬、感激和崇拜。……奶奶把我从妇产医院抱回家,她的老朋友送了一张旧婴儿床给我睡,爷爷奶奶不放心保姆夜间带我,把小床放在他们的卧室里,每天夜里爷爷亲自起来给我把尿。直到现在,他提起这些事时,总说"我带孩子是非常有经验的,他们都不行"。……我会走路了。我爷爷奶奶让我去过集体生活,我至今都记得开始两天爷爷送我去幼儿园的情景。在一个新鲜的地方有玩具有小朋友,我很开心。及至发觉爷爷要走了,我着急地哭泣起来,抱着他的大腿不放。幸亏有一个很会哄孩子的高老师,第三天我就不为爷爷的离去挣扎了。以后多年的岁月里,爷爷每天送我接我。……我长高了,小床睡不下了。爷爷让我跟奶奶睡大床,他另外架起一个单人床。我一直以为跟奶奶睡大床是天经地义的事情,上了初中才明白原来我是鸠占鹊巢。爷爷奶奶的朋友说我可以"骑到爷爷的脖子上他也不生气";学校老师说我是"十六亩地里一棵苗",还说爷爷奶奶把我"捧在手里怕凉了,含在嘴里怕化了"。爷爷不喜欢别人动他的书桌和抽屉,甚至不许奶奶擦书桌移文稿,偏巧我一向对他的抽屉特别感兴趣,见到好东西尤其是外国朋友送给爷爷的新鲜玩意儿都想要,爷爷也总是笑着对我说"喜欢就拿去","送给你好不好"。爷爷奶奶的关心和疼爱,使我至今一想起心里就充满了幸福和温馨。(周和庆《我的爷爷周有光》,《一生有光——周有光先生百年寿辰纪念文集》,语文出版社 2007 年版)

周有光对孙女很是疼爱,但绝不是溺爱。当周和庆犯错误时,周有光也有严厉的一面。

爷爷很有手段,用竹尺子打手心,疼得我直吸凉气,可是爷爷只打过我一次,让我印象非常深刻。除此之外,爷爷还曾经把我放到很高的书架顶上去反省,爸爸知道此事后很得意地告诉我,他小时候也吃爷爷这一招,我们还彼此交流过在上面坐着的感觉:脚不沾地,孤立无援,很是无奈。(周和庆《我的爷爷周有光》)

生活中周有光与张允和对周和庆无微不至,学习上更是"温情"教学,不逼迫孩子做事情。

吃过晚饭后,爷爷就要"写文章"了。爷爷坐在书桌的正面,我跪在侧面的椅子上,爷爷写文章我写字。我的字帖就是爷爷为我书写的"1234……""ABCD……""我你他……",爷爷教我汉语拼音。爷爷给我启蒙教育,而且在我稍有进步时给予极大鼓励,让我对自己很有信心。

"文革"后期,爷爷从"五七干校"回到北京,成为"闲置人员"。他得空就抓住我教打字、教英文,又让奶奶教我古文。我是"无志者常立志",每次下决心好好学英文了就去买一套教材,林格风、《许国璋英语》、《今日英语》、《新概念英语》,前前后后五六套之多,每套都有四五册。有一次我问爷爷学哪一套教材最好,爷爷说:"别管哪一套教材,你能学完第一本的就好。"真的,今天回想起来,哪一套教材我也没有读完第一册。为了学习进度,爷爷让我听电台的英语广播讲座。到了时间他把书递到我的手里,我只好无可奈何地放下小说,心不在焉地听广播。半个小时以后,爷爷又走过来,推醒趴在桌上睡着的我,说:"醒醒吧,书都掉到地上了!"爷爷说过"机不可失,时不再来",我想起当时的举动,悔之晚矣,却也无可奈何。

我学了好几年的小提琴,才刚刚拉出点音色。有一天,我正在调弦准备练琴,爷爷走过来说,我们家现在终于可以开个钢琴店了,我诧异地问他什么意思,他说,我们原来开的是木材店。我这才知道,原来自己是一个噪声污染源,爷爷奶奶却从来没有抱怨过。直到今天,我回想起来还很感激爷爷奶奶对我的宽容,相比之下我自己的涵养就差得太远,听到儿子弹错的钢琴声就吼起来,弄得儿子一弹钢琴就"肝儿颤"。(周和庆《我的爷爷周有光》)

周有光不管是生活态度,还是学习、做人方面都是言传身教。他的乐天知命、认真刻苦、善于观察的品质使周和庆为之敬佩。

爷爷在"干校"期间很注意观察周围的环境民情。冬天爷爷看守白菜窖,他每天要把所有的白菜翻看一遍,将开始发烂的拿给炊事班去烧。他说,整个一个冬天,我们从来没有吃过好菜。这件事引发了他寓意深刻的"白菜理论":烂了才吃,不烂不吃,吃的全烂。他们带到宁夏去种的黄瓜籽,长出的黄瓜几乎比北京黄瓜大一倍,成了日常主要的蔬菜之一。许多年后,爷爷展望宁夏经济的发展时说:"不仅工业有希望,农业也有希望……以色列在沙漠里面种黄瓜,销到欧洲许多地方,为什么我们不能在宁夏这种地方种黄瓜销到外国去呢?"爷爷在捡粪的时候发现了一种节节草,他突发奇想地将其摘回来做牙签,他说:"竹子做的牙签常常有刺,木头做的牙签在嘴里会变软,只有这样节节草牙签最好。"爷爷很得意自己的佳作,不仅自己用,还带了一大包回北京当成珍品送给朋友。

我第一次坐飞机,又是跟着爷爷奶奶。在飞机上,爷爷说,到了一个新环境要注意观察周围,尤其是安全措施。他要我读旅客安全手册,又指给我看飞机通道、安全门。他还特地把我领到厕所,由于空间有限,这里的设备都很紧凑。爷爷说:"你要看好每一样东西是怎么用的,不要把脏纸丢错地方。他说,这叫'有备无患,未雨绸缪'。"从那以后,我每上飞机头一件事情必读旅客安全手册,还将这个好习惯传给儿子,他做此事比我更加积极。由此我深深体会到,家庭中长辈良好的言传身教使孩子受益无穷。(周和庆

《我的爷爷周有光》）

　　周有光对曾孙的学习也是"顺其自然"。

　　安迪在北京住过一年，爷爷奶奶对他越看越喜欢。爷爷总是嘱咐我说，不要对安迪太凶，不要逼他念书。（周和庆《我的爷爷周有光》）

　　周有光在交友、排解不良情绪方面谆谆教导周和庆，给周和庆产生了很大的影响。

　　我上初中时，好朋友林心全家移居香港了。一上小学，我俩就好得形同一人，不仅白天上学腻在一起，下午放学和周末还腻在一起。乍一听说她要走而且永远不会再回来了，我顿感世界末日的来临。整整一个晚上，我滴水未进粒米未沾，第一次尝到了失眠的滋味。是爷爷，耐心地开导我：世界很大路也很长，事情会变的，中国也不会总是这样下去。你的性格很开朗，还会交到其他朋友的……果然，多年后中国政策变了，我大学毕业去了加拿大读书，林心是第一个从美国来拜访我的客人，我俩又重逢了，而且，我在北京历经三所中学、大学、工作单位，以及在加拿大和美国居住的若干地方，每到一处都结交了情投意合的朋友。

　　在加拿大读书期间，婚姻的触礁使我跌入万丈深谷。我一度心灰意冷万念俱灰，中断了学业，中断了与几乎所有朋友的往来，像一只把头埋在沙堆里的骆驼，专心打工挣钱，我给家里写信说，我被漩涡卷得快要失去自己的重心了……爷爷来信简单而坚定地说："你要停止打工，尽快完成学业，找到工作。目前的生活费我帮你解决，每月五百块，供你六个月拿到学位。"我又羞愧又难过，我这么大了还要爷爷操心，而且他手里那些外汇都"一点一滴"攒起来的，他给新加坡等地的学术杂志写文章，每次稿费只有十元二十元。爷爷的信让我下决心痛改前非重新做人，并回到学校注册读书。

　　这时，我遇到了生命中的 Mr. Right 张晖，他积极鼓励并且以实际行动支持我读完学业。好事多磨，我们都还没有毕业时我怀孕了，有了孩子不能打工再加额外开销，而且以后该如何带着孩子读书？我的情绪再一次落入低谷，不知今后生活如何着落。这期间，爷爷接连给我写了六封信，开导我鼓励我激发我，再一次把我从落魄中救了起来。他说："孩子一定要留下，你可以在满月之后送回北京，我们愿意帮忙带他。"（周和庆《我的爷爷周有光》）

　　周有光在对待后辈方面可谓是教导有方，生活上无微不至，学业上耳提面命，却也不强求不逼迫。春风化雨，润物无声。

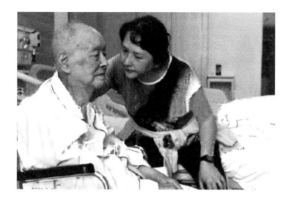

九尺书房容天下之大

周荐,1957年生,南开大学文学学士、文学硕士,日本关西大学文学博士。北京师范大学珠海校区人文和社会高等研究院语言科学研究中心教授。曾担任南开大学语言研究所副所长,南开大学词汇学与词典学研究中心主任,南开大学文学院学术委员会委员,南开大学词汇学与词典学研究中心主任、教授、博士生导师,兼任教育部全国语言文字标准化技术委员会汉语语汇分技术委员会主任委员等。学术专长是词汇学、词典学、语法学和修辞学。

交往录

周荐与周有光在2010年5月30日第一次见面,周荐目睹了周有光的九尺小书房,并请周有光为《澳门语言学刊》题词,"从世界看自己"这句题词是周有光常用的,他也用一生践行了这句话。

周荐曾详细地总结过周有光对语文现代化的贡献。

因为兴趣和爱好,他1952年就出版了《中国拼音文字研究》,1954年又出版了《字母的故事》,还发表了一些关于拼音和文字改革的论文。他的研究受到了国务院总理周恩来的注意,周有光先生遂被中国文字改革委员会邀请担任《汉语拼音方案》委员会委员。1955年10月,周先生到京参加全国文字改革会议,会后就被留在文改会工作,参与制订《汉语拼音方案》,专心文改事业,完全放弃了在上海的经济学教学工作。1958 年 2 月 11 日,第一届全国人民代表大会第五次会议批准颁布的《汉语拼音方案》,当然是集体智慧的结晶,但周先生在其中的贡献无疑是巨大的,举足轻重。1958 年开始,周先生在北京大学和人民大学讲授汉字改革课程,讲义《汉字改革概论》于 1961 年出版。这部书出版迄今已逾半个世纪,仍是该领域最重要的著作之一。改革开放后,周先生继续在语言文字领域为祖国作出贡献。1979 年 4 月,国际标准化组织在华沙召开文献技术会议。周先生在会上代表中华人民共和国发言,提议采用《汉语拼音方案》作为拼写汉语的国际标准。1982 年国际标准化组织通过国际投票,认定《汉语拼音方案》为拼写汉语的国际标准。汉语拼音对内地的扫盲脱贫而言功德无量,在世界范围内对华人社会的影响更是不可估量。(周荐《敬送周有光先生远去》,《澳门日报》C7 版,2017 年 1 月 26 日)

2010 年 5 月 30 日,周荐与李行健老师、岳长顺同学拜望周有光,目睹了周有光的小书房,还请周有光为《澳门语言学刊》题词,周有光用了他那句名言"从世界看自己"。

我以《澳门语言学刊》主编的身份,在语文出版社前社长李行健教授的陪同下前往北京先生的寓所拜谒。行健师熟门熟路,登上几十级楼梯,走到周老家门口,呼唤周老的小保姆来开门。门开了,一位慈祥的百岁老人端坐在他的九尺书房(约九平方米)里,用微笑把我们迎进去。

跨进周老的家门,眼前是狭窄的门厅,是一套普通百姓人家的四室单元。一间屋子的门开着,百岁老人周有光端坐在小书桌前,向我们微笑着。这就是周老的九平方米小书房。周老在书中多次描述他的小书房"心宽室自大,室小心乃宽","我的小室窗户只有一米多见方。窗户向北,'亮光'能进来,'太阳'进不来";周老还为小书房写了一篇《有书无斋记》,说自己是"有书而无斋"。

今天我有一个大任务:请行健师引见,向周老赠送《澳门语言学刊》,请周老为《澳门语言学刊》题词。先生时年一百〇五岁,但精神矍铄,长达近半个小时的交谈,竟毫无倦意。先生朗声谈起他新中国成立前曾多次到过澳门,真是往事如烟,历历如昨,思维异常清晰敏捷,娓娓道来他所熟悉的澳门街区里巷;还不无遗憾地表示新中国成立后他再无机会踏足澳门,流露出对澳门这块土地的无限向往和深情关怀。当我把几期《澳门语言学刊》呈给周先生时,老人告诉我,我寄给他的杂志他每期都看,对我们的工作给予了充分的肯定。最后,周先生还应我之请,欣然命笔为《澳门语言学刊》题词,表达了他对我们的关怀和勖勉之情。

接着,周老铺开一张白纸,戴上眼镜,手握一支签字笔,笑吟吟说:"我已多年不使用毛笔了。"然后欣然为《澳门语言学刊》题词:"在全球化时代,要从世界看中国,不能再从国家看世界,语言学和文字学也要从世界看自己,不能再从自己看世界。"

这句话是周老的名言,周老给不少人题写过,措辞大同小异。周老喜欢在落款时用新式年月日表达法,写下自己时年的虚岁。(岳长顺《周有光的书架》,《语文和语文现代化研究——周有光纪念文集》,浙江大学出版社2019年版)

周有光九尺书房简简单单——桌、柜、书。在这小小的一方天地里,周有光的思想却是宽大深邃的,具有全球观的。

周老的小书房有一桌一柜。窗台前的两张小书桌是周老论文范文写字打字用的。周老的儿子周晓平说,这是周老退休时从单位搬回家的。小红木柜是放文件用的,周老说"是旧家偶然保存下来的遗产"。书房有两个大书架,直通到天花板,有两个小书架,只有三尺来高。书房的窗台上堆满了书,周老仿佛向所有来访者说:你们读懂了我的书房,也就读懂了我。

九尺书房,容上下五千年历史,容语文现代化的未来。红木小柜上摆放着《中国大百科全书》精粹版。周老是百科全书式大学者,曾担任《简明不列颠百科全书》中美联合编审委员会委员、《不列颠百科全书》(国际中文版)顾问委员会委员。小桌上还有行健师主编的《现代汉语规范词典》,周老的名字赫然印在扉页:特邀顾问。周老身后的小书架上摆满了周老的著作。我们常说著作等身,如把书架上的著作放在地板上摞起来,应该是周老的身高了。(岳长顺《周有光的书架》)

周有光曾对简化汉字工作倾注了大量心血,而语言文字工作是对社会和谐进步有巨大推动作用的,周有光是一位"经世济民"有情怀的学者。此外推广普通话有助于政治的稳定和国家的统一,周荐曾说过:

"推普"更多的是一项语言的社会运动,它有其不依附于政治的独立性和自身的规律,当属于文化的性质,要靠广大的语言使用者的文化自觉,必须由人民群众自发地来参与。

为使中华优秀的文化走向世界,中国的孔子学院做了很多积极而有成效的工作。当前的"一带一路",也需要语言铺路。弘扬中华文化也好,一带一路建设也好,语言都是头等大事,因为没有语言,缺少了工具,一切似乎都难以开展。那么用什么语言呢?历史选择了普通话。若不能掌握流利而标准的普通话,或吴侬软语,或南蛮赅舌,肯定是无法与境外人士交际交流的,即使说的是蓝青官话,交流起来也不无障碍。

英国在200年前普及了英国共同语,后来成为事实上的国际共同语。英语给英美国家赚得盆满钵溢。日本在100年前普及了日本共同语。使用人口只有1.26亿的日语,是世界上第十大语言(排位法语之前),而且是唯一的单民族语言。汉语普通话呢?全世界的华人要争气,力争在21世纪之末将华夏共同语——华语普及世界各个角落!这是周有光先生在2002年出版的《21世纪的华语和华文》一书中的遗愿。(引自周荐《新时代推普:助力中华文化一统、社会和谐昌盛》,《语文和语文现代化研究——周有光纪念文集》,浙江大学出版社2019年版)

周有光为《澳门语言学刊》题词

从周荐与周有光的交谈中,我们感受到了宁静淡泊、侃侃而谈、和蔼和亲、具有世界大局观的周有光。

亦子亦友

周晓平,1934 年生,2015 年 1 月 22 日逝世,著名气象学家、中国科学院大气物理研究所研究员。周晓平是周有光的独子,他自述与父亲生性相似,不喜欢接受采访,不愿意谈论父亲,他说:"总在夸奖好像不太合适,无论谈什么总是担心有吹捧他的嫌疑。当然儿子说老子的坏话更不好。"

交往录

周有光以自身的人格魅力深深影响着儿子周晓平的成长,在学习上适当点拨指导,生活中以身作则,孝敬老人、乐观处世。

在周晓平眼中,周有光幽默、爱思考、和蔼、乐观。

在我年幼的时候,爸爸给我的印象是很严肃的,他的严肃是因为他喜爱思考。我小时候,他常常牵着我的手走路,走着走着,他突然停了下来,捏紧了我的手,若有所思。这让我很吃惊,我问:"爸爸,是不是走错路了?"他会惊醒过来,对我笑笑,也不说话,也不知他在想什么。他虽然总是很严肃,我却一点也不害怕他,这大概与他从来只说理不打骂我有关。当他与朋友在一起的时候,总是谈笑风生,十分幽默。和我们平时在家时不大一样。我就很喜欢在一旁倾听爸爸和朋友的谈话,总是有新鲜感和收获。不过爸爸也有痛苦的时候,只是很少外露。抗日战争时我的妹妹周小禾在重庆因为阑尾炎,没有及时得到急需药品而去世时,他十分痛苦,亲近了基督教,因为朋友劝他说读读《圣经》可以平复内心的伤痛。这样,心情果然平静了些,但他并没有成为一个基督教徒。(周晓平《我的爸爸周有光》,《北京青年报》,2013 年 2 月 4 日)

周晓平心中的周有光孝顺,重传统文化,淡泊名利,爱好高雅,珍惜时间。

爸爸很重视传统文化,总说他是"厚今不薄古",在家庭中他对我奶奶很孝顺,可是他说他不要我孝顺,要我"老吾老,以及人之老",要博爱。他说有了博爱之心,你对谁都会做得很好。如果他做父亲的不对,可以不"顺"。他说我也不会留给你什么遗产,我只留一点知识,希望你以后自学更多的知识,知识是最好的财富。他一生很少浪费时间,总是坐在那里看书或写字。但他很爱玩,也很会玩,可是只玩最高级的。比如他在国外总是到最好的剧院,听最好的西洋音乐,欣赏最美的油画,到最好的博物馆,经常翻阅最权威的百科全书。我爱旅游的兴趣就是他鼓动的。他从不收集名人字画和古董——即使他有这样的机会;他从不做赚大钱的考虑,虽然他有很踏实的经济学知识,而且曾经也是非常出色的银行管理人员。好多人问我,你爸爸是银行经理,为什么那么穷? 那时我也很纳闷,不知该如何回答。

爸爸退休比一般人都晚,他退休只是把办公桌移到了家里而已。此后他集中精力研究世界各国发展的原因,试图揭示某些社会发展规律,以此告诫国人少走弯路和鼓起勇气继续向前。(周晓平《我的爸爸周有光》,《北京青年报》,2013 年 2 月 4 日)

周晓平口中的周有光是理性的,知识为上的。这得益于家庭与学校的共同影响。

评价我爸爸的一生是很困难的事情。首先我觉得他是一个非常理性的人,这一点是遗传了奶奶的基因。当年抗日战争时期,在去重庆的路上,我们家随身的十几个箱子掉进长江。奶奶一点也没有惊慌失措,她平静地说箱子丢了就丢了吧。我的妈妈倒是有点着急,因为箱子里装着好多日用品。我奶奶做事、待人非常理性,绝对不说媳妇任何坏话。早年我奶奶连生五个女孩,老不生男孩,我爷爷刚刚娶回姨太太想要传宗接代,奶奶就生下爸爸了。后来奶奶带着她所生的孩子们离开了那个大家庭。

我爸爸到圣约翰读书的时候,家里经济情况很不好,但他碰到了好老师、好学长,指导他怎么读书,再加上学校风气比较好,他的同学后来大都很有作为,像吕叔湘等等。圣约翰大学是中国最早最好的大学,清华、燕京最早的一批教授,都是从圣约翰大学过去的。虽然是一个基督教学校,但信仰自由,对宗教信仰没有限定。这个学校提供给人一种真正的知识信仰,尊重每一个人,让你独立思考。大学教育提升了父亲的人格和知识水平。

那两年父亲在圣约翰大学的教育是很重要的,后来他转入光华大学读书。他的教育和研究方向预示着他的世界观是全球化的,他的一生比较超脱的原因之一也是因为他是一个世界主义者。他对中国文化哪些好哪些不好,有一个比较清晰的看法。如果一个人真正了解了现实,了解了世界文化发展的最基本的规律,也就不会彻底失望了。

爸爸学的是社会科学、人文科学,可是他是一个非常理性的人,对理科的内容也非常有兴趣。他大学里没有学过微积分,后来我教他,他很快就搞懂了其中的原理。他常常说这样一句话,如果我搞自然科学,可能成就会很大,而搞社会科学呢,就没有什么成就。他有一个从事科学研究的头脑:理性、严谨,承认实践在科学中的巨大作用。他在研究汉字使用数量方面的规律时注意到存在汉字使用效率递减率,因此我给他讲了一点微积分的基本定理,他很开窍,以此来检验他在语言学方面的研究是否符合实验。(周晓平《我的爸爸周有光》,《北京青年报》,2013 年 2 月 4 日)

周有光在指导周晓平读书学习方面给予周晓平充分的自由,不限制不强求,只是加以引导。从中也可以看出周有光的理性思维。

爸爸从不硬性规定我们要读什么书,各种书都可以看,四大名著要看,而且要看懂,还要看各国的名著。但一般的小说可以不看。"那是闲书,有什么价值? 我给你看更好的书。"爸爸会选择更好的书给我,让我更有兴趣阅读。

他不太喜欢收集字画,虽然他有很多机会。他说艺术当然很重要,但你过多地沉溺在这里面不值得。他认为读书一定要读真正能够获得知识的书。他很早就告诉我,小说有两种,一种是给你知识的,一种是闲书,后者要尽量少看。后来我到美国发现所有书店都把书分成两类:虚构与非虚构。爸爸说从前美国有规定,小学生课外读物中非虚构类要占 80%,所以大人要指导小孩选择读书。

他从不限制我的兴趣发展,从不干涉。他对我的学习很是关注,但是暗中关注,不知不觉地影响我,关键时候说两句。不过他很重视英语学习。

爸爸从来不强迫我做任何事情，那时候初一数学教四则混合运算题。有一次我数学考试拿回来成绩是丙，他问怎么回事？我说我也不知道我为什么这么讨厌四则混合运算题，乱七八糟的，搞不清楚。一个圆圈种几棵树，多少米一根，加一减一，太乱了。他说那就算了吧，不过代数要好好学，那很重要。爸爸觉得分数高低无所谓，但他很关心是否学习到有用的东西，他就是强调知识。他追求知识的观念很强。

我读过《七侠五义》，这是武侠小说中比较经典的一本，看完之后其他的就可以不看了。有时候我在看这样的书，爸爸说这本书怎么样？给我讲讲。他说那些大侠的武功是真的吗？真实的人怎么飞呢？于是他找了一本关于人类生理极限的书，说明人在极端条件下的可能性，这里包含物理学的概念，会爬会跳和飞檐走壁不是一回事。

爸爸善于通过聊天的方式与人沟通。我小时候有段时间检查出来有心脏病，他说有病没有关系，会好的，即使身体有病你还是能做事情。我心情不好时他就把我带到公园里散步，他随手捡起地上几片叶子说，哪一片叶子没有几个洞或残缺？完完整整的叶子是很少的。难道他们就不是叶子了吗？它们构成了一棵大树的一部分。这就是说不管有什么缺陷，每个人都会找到自己的有用之处。他最关心我的是你应该念好书，否则需要你为人民做贡献的时候，你什么知识都没有，拿什么去贡献？（周晓平《我的爸爸周有光》，《北京青年报》，2013 年 2 月 4 日）

周有光强调传授知识时要授之以渔，教会基本的学习"工具"。

在知识上父亲自称是"百科全书派"。他觉得认字很重要，所以要致力于用拼音方便地教会大众认字。认字，才会有知识，然后才能启蒙。这一观点给我印象很深。有时候我也会问他问题。但他觉得我没有说清楚到底是什么问题，他会说你回去再把问题想一想，看看百科全书，然后你再来问我。我们再讨论。

他经常查字典、查书和地图，对我的影响很大。你现在问他任何一个小问题，世界大问题，他可以给你讲得很明白。他以前看杂志，重要的文章上面用笔写得满满的。他看过的杂志我都拿回去，把爸爸划过的地方重新看一遍，我也很长知识。（周晓平《我的爸爸周有光》，《北京青年报》，2013 年 2 月 4 日）

周晓平印象中的周有光是非常热爱知识的。

我上中学时候在家里住的那间屋子里面有书架，爸爸妈妈睡在隔壁。

有时候爸爸早上三四点钟就醒了，想找书看，到我睡的房间里来翻百科全书，把我搞醒了。我说爸爸你晚上搞什么呀？妈妈就听见了，就跑过来说，哎，你怎么不睡觉？爸爸说我睡不着了。在床上翻来覆去地想，想到一个事，赶紧查查新书。妈妈就把爸爸揪回去睡觉了。（周晓平《我的爸爸周有光》，《北京青年报》，2013 年 2 月 4 日）

周有光虚怀若谷，对于别人的批评一笑置之，有用的批评还会研究。

爸爸总说他不是"拼音之父"，不让这么称呼他。他还说自己也不是研究文化问题的专家，只是随便写点文化方面的文章而已。他还说这是狗屁文章，顶多是杂文，看完也就可以扔了。人家想怎么批评，就怎么批评。

他很喜欢看人家的批评。有一次，有一篇文章后面，有一大堆跟帖，我打印了很厚的一叠全给他看了。他说人家捧的话，你就不要打印了。也有人家骂他的文章，甚至骂得很难听，什么老不死的。还有人说你有什么资格谈经济问题（他们不知道他是学经济的）。有人说要注意这个人，好像是个大右派，是个漏网右派等等。爸爸看了都觉得无所谓。

他看重真正有水平的批评，比如梁文道的批评，他认为是很严肃的批评。有一个人叫彭小明的说周有光是既得利益集团的一分子，我们听了都不大高兴，都说叫他们来看看我们家，这是个什么样子的既得利益集团分子。连小保姆都生气了，爸爸也没有生气。他给我看哪些地方批评得很好。爸爸在彭小明大量"骂"他的文章里仔细地看，在他的批评上做了很多记号。"他说我们的工作是有许多问题。比方说用 j、q、x 这几个字母就不见得是最好的。你可以改动，但花费的代价可能更大。"他说，文字研究有它的技术性

方面,也有它社会性问题的方面。技术性可以达到最优美的,但是它可能不符合社会的要求。(周晓平《我的爸爸周有光》,《北京青年报》,2013 年 2 月 4 日)

这对父子的相处交往如同平等的同辈交往,周有光知识为上、正视批评、豁达乐观、看淡生死的价值观给周晓平的发展提供了肥沃的土壤,尊重平等的家庭氛围和家风也深深地影响着周晓平。

主要参考文献

"庆祝周有光先生 108 岁华诞文集"编辑委员会、"国际基础华文研究所"编辑组:《有光一生 一生有光——庆祝周有光先生茶寿文集》,金钥匙华文出版社 2014 年版。

常州市委统战部综合处:《同心文化》,2013 年增刊"周有光与中国语文现代化"学术研讨会专辑,准印证号:苏新出准印 JS-D017,2013 年 7 月。

王铁琨、王奇、沙宗元:《一生有光——周有光先生百年寿辰纪念文集》,语文出版社 2007 年版。

王云路等编:《语文和语文现代化研究:周有光纪念文集》,浙江大学出版社 2019 年版。

张允和、张兆和编著:《浪花集》,浙江大学出版社 2016 年版。

张允和:《曲终人不散》,中央编译出版社 2012 年版。

张允和:《最后的闺秀》,生活·读书·新知三联书店 2012 年版。

周有光、王荣泰:《111 岁如是我闻:周有光访谈录》,新华出版社 2015 年版。

周有光、张允和:《今日花开又一年》,中国文史出版社 2011 年版。

周有光:《周有光文集》,中央编译出版社 2013 年版。

附录一:周有光家族谱系

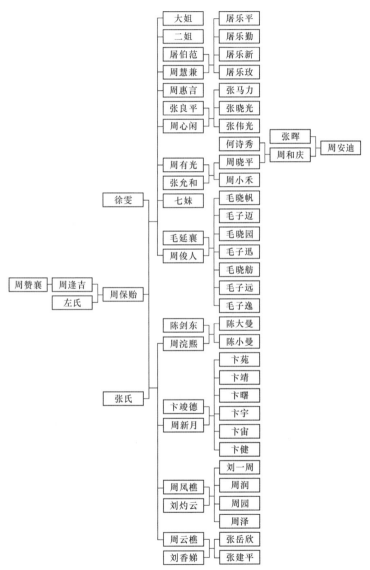

（引自周有光口述《逝年如水——周有光百年口述》,浙江大学出版社 2015 年版）

附录二：曾与周有光交往的
其他人员名单（补选）

爱因斯坦，安子介，卜　宇，卜兆凤，蔡承新，蔡元培，曹可凡，曹锡华，常敬宇，陈　弼，陈　新，陈　原，陈　越，陈　云，陈布雷，陈光垚，陈建共，陈榴竞，陈满华，陈乃群，陈双新，陈望道，陈寅恪，陈永舜，村野辰雄，德范克，丁　聪，丁西林，窦立伟，杜永道，范继淹，范旭东，范毓美，方国强，冯其庸，傅　雷，傅汉思，傅懋勣，傅永和，高家莺，高玉华，格隆威，顾传玠，关德泉，关宇虹，郭　锐，郭沫若，郭晓伟，韩九云，韩其周，何　方，何　廉，何德乐，何诗秀，河上肇，洪　基，侯　涤，胡　适，胡启恒，胡乔木，胡学琦，胡愈之，胡志富，黄　侃，黄国营，H.G.威尔思，吉伯尼，吉布尼，季羡林，江　平，姜椿芳，蒋彦永，蒋朱明，解玺璋，金安平，金光平，金尼阁，金启孮，金斯佰，金斯伯，金玉良，靳光瑾，橘田广国，康定和，劳乃宣，老　舍，雷　颐，黎锦熙，李　平，李　荣，李大魁，李大同，李方桂，李富亭，李乐毅，李守业，李爽秋，李行健，里　元，利玛窦，梁从诫，雷　颐，林才松，林达光，林汉达，林炎志，刘半农，刘道玉，刘君桓，刘良模，刘朋建，刘士勤，刘涌泉，刘再复，刘正埮，刘志琴，刘尊棋，流沙河，龙果夫(亚历山大·德拉古诺夫)，卢戆章，卢绍昌，鲁　迅，陆俭明，陆志韦，陆宗达，罗常培，罗慰慈，罗一民，吕　丰，吕叔湘，吕思勉，马景娣，马礼逊，马叙伦，马学良，茅　盾，茅于轼，梅维恒，孟宪承，倪海曙，彭冬林，钱　穆，钱伟长，瞿秋白，沙千里，山田尚勇，尚仲衣，邵燕祥，沈　红，沈　星，沈　鹰，沈爱华，沈从文，沈虎雏，沈钧儒，沈龙朱，石汝杰，史　良，史乃康，史有为，思　弥，斯旺森，宋建民，宋庆福，索乐文，谈江，谈庆明，谭汝为，谭其骧，汤季宏，唐师曾，陶大镛，田春晨，童伯章，屠岸，屠乐平，屠乐琴，屠乐勤，屠乐新，屠式玫，托马斯·弗里德曼，王　均，王力，王　石，王恩保，王若水，王晓晋，王宗柏，威妥玛，韦均一，魏　丹，魏建功，温家宝，吴　青，吴洁敏，吴敬琏，吴山秀，吴文超，吴玉章，吴稚晖，萧国政，萧彤岭，小田（保姆），小徐（保姆），邢　欣，徐　雯，徐　缨，徐川山，徐慰曾，徐新民，许伯卿，许国璋，许嘉璐，许纪霖，许倬云，薛晓源，闫　军，阎

立，阎春祥，阎明复，杨　刚，杨继绳，姚德怀，姚喜双，姚晓东，叶籁士，叶圣陶，尹斌庸，于桂英，俞平伯，俞庆棠，袁宝华，袁贵仁，袁伟时，袁钟瑞，岳长顺，张　宜，张充和，张定和，张寰和，张冀牖，张建安，张宁和，张世林，张世平，张寿镛，张太雷，张田若，张万彬，张维佳，张维迎，张五常，张武龄，张以达，张寅和，张宇和，张育强，张育泉，张元和，张兆和，张志公，张宗和，章诒和，章乃器，章卫忠，赵福楼，赵功德，赵红弢，赵如兰，赵世举，赵元任，赵忠和，郑锦全，郑晓沧，郑之东，周　良，周海燕，周宏波，周惠言，周慧兼，周企言，周小禾，朱岐祥，资中筠，邹韬奋

附录三：周有光字迹选

拼式书写就是分词连写，这是书写方法的进步，在出收频上应用方便阅读，在电脑上应用方便译稿，值得大家来研究尝试。

周有光
2006-11-16
时年101岁

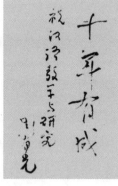

拨芽说话，文字之苗。

周有光
2009-01-13
时年104岁第1天

了解过去，开创未来，
历史进退，匹夫有责。

周有光
2010-04-25
时年105岁

学习和今了解是
一件十分愉快
的事情。

周有光
2010-10-21
时年105岁

书法教育，
大有可为。

周有光
时年114岁

197

IN 词记录中国，
汉语生生不息。

周有光
2011-03-25

时年106岁

李有华史记扑克
宁以世界看国家，
不宁以国家看世界。

周有光
2013.6.12

时年108岁

后　记

　　即将交稿的时候,忽然有种难以言说的感觉。回首一路走来的日子,从七年周有光研究中心平台交流人物所感,到相关图书报刊查找与周老有交往者材料,再到能够联系的交往人员撰写交往事迹直至交稿付梓,历历如在目前。

　　浙江大学周有光语言文字学研究中心成立于 2015 年,随后展开一系列相关研究,《周有光交往录》是中心第一期研究项目之一,周有光一生走过112 年的岁月,同时交往的人也是数量众多,包括经济学、语言文字学、文化学等领域,我们这部书拟定的目标是编写一部侧重于语言文字学方面交往事迹的书,同时包含周有光先生一些重要亲属与其的生活趣事。

　　基于此目标,交往人物由亲属和与周有光在语言文字现代化交往比较密切的人物构成,我们所收人物按照姓氏拼音首字母排序。内容上我们对每一个人物都进行了比较全面的生平介绍,尽可能地附上本人照片,详尽地梳理交往事迹,对于来源出处都进行了说明。

　　交往录编纂工作虽启动较早,直至 2022 年 5 月完成,其间对文稿进行了长时间收集并多次修订完善和审核校对。即便如此,我们仍然深感这本小册子无法涵盖周有光先生百余年的人生岁月,因时间较紧、人力不足等问题,我们没有做到尽善尽美:一是我们没有全部征求交往者本人意见;二是我们对交往人认知和掌握的信息有限,有些重要的交往人物我们没有联系上,甚至可能存在有特色的代表性的交往者没有收入其中,因此导致搜集的交往者会存在不全面的问题;三是对于交往者的介绍没有做到全面精准,可能还存在文稿中事迹不准确的缺点,在这里一并诚挚地道歉,敬请谅解和指正。

交往录的编纂得到浙江大学周有光语言文字学研究中心主任王云路教授、副主任彭利贞教授的悉心指导,浙江大学原副校长、浙大城市学院校长罗卫东撰写总序,许多交往者百忙之中为此书提供材料,以及浙江大学常州工业技术研究院和浙江大学出版社的大力支持,谨此一并致谢。

编纂者

2022 年 5 月